"厉行节约 反对浪费"员工行动手册

马广文 袁根群 ◎ 编著

浪费可耻 节约光荣
道理谁都懂 关键看行动

人民日报出版社

图书在版编目（CIP）数据

"厉行节约　反对浪费"员工行动手册 / 马广文，袁根群编著 . -- 北京：人民日报出版社，2020.12
ISBN 978-7-5115-6857-1

Ⅰ.①厉… Ⅱ.①马…②袁… Ⅲ.①国家行政机关—节约—条例—中国—学习参考资料 Ⅳ.① D922.1

中国版本图书馆 CIP 数据核字（2021）第 002367 号

书　　名：	"厉行节约　反对浪费"员工行动手册
	"LIXING JIEYUE　FANDUI LANGFEI" YUANGONG XINGDONG SHOUCE
作　　者：	马广文　袁根群
出 版 人：	刘华新
责任编辑：	刘天一
封面设计：	陈国风
出版发行：	人民日报出版社
地　　址：	北京金台西路 2 号
邮政编码：	100733
发行热线：	（010）65369509　65369827　65369846　65363528
邮购热线：	（010）65369530　65363527
编辑热线：	（010）65369844
网　　址：	www.peopledailypress.com
经　　销：	新华书店
印　　刷：	北京柯蓝博泰印务有限公司
开　　本：	710mm×1000mm　1/16
字　　数：	199 千字
印　　张：	13.5
版次印次：	2021 年 4 月第 1 版　2021 年 4 月第 1 次印刷
书　　号：	ISBN 978-7-5115-6857-1
定　　价：	56.80 元

前　言

　　自古以来，尚节约、反浪费就是中华民族的传统美德。《尚书》说："惟日孜孜，无敢逸豫。"《左传》引古语说："民生在勤，勤则不匮。"《墨子》有"俭节则昌，淫佚则亡"之论。无数的事实也证明，节约是福，奢侈是祸，任何朝代和国家，无不因节俭而盛，因奢侈而衰。"成由勤俭败由奢"，国家的繁荣、社会的进步，企业的发展、个人的幸福，都离不开俭朴节约。

　　然而，随着改革开放的深入和社会经济的迅猛发展，我国人民生活水平全面提升，物质丰富了，生活富足了，节约意识却不知不觉地从一些人的头脑中开始淡漠，奢侈享乐之风渐渐抬头，铺张浪费现象日渐严重，炫富、攀比、竞奢的心理在社会蔓延。

　　企业员工作为企业建设的中坚力量和社会发展的中流砥柱，有责任更有义务积极投身于"厉行节约、反对浪费"的大潮，踊跃参与"厉行节约、反对浪费"活动，以实际行动反对"工作中的浪费""舌尖上的浪费""生活中的浪费"，不仅要从思想上树立节约意识，更需要从行动上马上开始。

　　从现在开始，行动起来，坚决抵制工作中的浪费。要具备节约意识，养成工作节俭的习惯，自觉主动地为企业节约，增强成本意识，树立成本观念，减少浪费，节省开支，提高效率，把节约贯穿到工作中的每一个细节，节约每一滴水、每一滴油、每一度电、每一缕纱、每一段木头、每一颗螺丝钉……做一个节约型员工！

从现在开始，行动起来，坚决抵制"舌尖上的浪费"。坚持文明用餐、节俭消费的观念，自觉养成惜粮爱粮、崇俭抑奢的好习惯。餐厅点餐，按人按量消费，吃多少点多少，点多少吃多少，力争做到盘光碗净、人走桌清，实在吃不完的，也应打包带走，绝不浪费；家庭饭桌，也要以"光盘"为荣，坚持做到锅清、碗清、盘清，少买少做，绝不浪费；食堂就餐，坚持按需、少量、多次取餐，争做"光盘行动"倡导者、践行者、推动者，为全社会形成"厉行节约、反对浪费"的社会风气作出贡献。

从现在开始，行动起来，坚决抵制生活中的浪费。从吃穿住行开始，以俭朴为荣，奢华为耻，摒弃"爱面子"的陋习，不攀比不虚荣，不摆阔气不搞排场，从俭从素，远离豪奢，培育节俭生活方式，打造节俭家风，反对、劝导和制止一切铺张浪费行为，用行动践行节约，让"厉行节约，反对浪费"深入到骨子里，融入血液中。

厉行节约、反对浪费，要的是行动，重的是行动，关键也在于行动。本书正是为企业员工量身定做的行动指南，是响应党中央号召的员工行动路线图。书中详细阐述了员工在工作中如何降低成本、节省开支、提升效率、增加效益的方法和技巧；同时对生活中的浪费、舌尖上的浪费、家庭中的浪费现象及节约方法技巧也都作了全面介绍，不仅是广大员工向浪费宣战的嘹亮号角，也是全体员工培养节约习惯的完全指导手册，更是所有员工积极响应党中央号召、全面投入节约行动大潮中去的不可或缺的行动手册。

袁根群编写了本书从第四章到第九章的内容，大约11万字。

目 录

第一章 当仁不让,"厉行节约、反对浪费"我就是先锋 / 001

"节约光荣、浪费可耻",这是中华民族的传统道德观念,也是每一个人都应该秉持的行为准则。特别是在当下全社会掀起"厉行节约、反对浪费"热潮的时代,作为新时代国家建设中流砥柱的广大员工,理应当仁不让地挺立时代潮头,甘当节俭先锋。

1. 浪费可耻,奢侈浪费是极大的犯罪 / 002
2. 节约光荣,节约是中华民族的传统美德 / 005
3. 节约首先要反对浪费 / 009
4. "厉行节约、反对浪费"是每一个员工的责任 / 011
5. 从自己做起,自觉担当节俭先锋 / 012
6. 从现在做起,坚决抵制任何浪费 / 014

第二章 义不容辞,积极投身"光盘行动"反对餐饮浪费 / 017

一碗碗几乎未动的米饭,一盘盘浅尝则扔的佳肴,一桌桌堆盘叠碗的"剩宴"……触目惊心的"舌尖上的浪费",引发了全社会的反浪费之声。一场轰轰烈烈的"光盘行动"在全国展开。作为员工,理当义不容辞地投入进去,带头拒绝餐饮浪费,切切实实为节约出力。

1. "光盘行动",新时代节约行动的嘹亮号角 / 018
2. "舌尖上的浪费",触目惊心 / 021
3. 居安更要思危,多国已现粮食危机 / 023
4. 积极参与"光盘行动",带头拒绝餐饮浪费 / 026
5. 按需点餐,不论公餐私宴吃多少点多少 / 028
6. 杜绝"剩宴",吃不完的打包 / 030
7. 职工食堂吃饭,"小碗""半份"更利于"光盘" / 032

第三章 提高节约意识,从岗位开始做一名节约型员工 / 035

节约并非别人的事,而是大家的事,是每一个人的事。员工要从自己的岗位开始,提高节约意识,担起节约责任,为企业抠出每一分钱,成为企业最欢迎的节约型员工,企业才会越来越兴旺。

1. 提高节约意识,节约是每一个员工的必备素质 / 036
2. 做好自己的工作,就是为企业节约 / 037
3. 善始善终,半途而废就会导致浪费 / 039
4. 对岗位负责,减少岗位损失 / 042
5. 认真工作,杜绝岗位失误 / 044
6. 工作花费不怕"抠",怕的是"不抠" / 046
7. 把岗位节约当成自己的责任 / 048
8. 节约型的员工到哪里都受欢迎 / 050

第四章 降低工作成本,降成本就是增利润 / 053

对企业来说,成本越高利润越少,企业要兴旺发达,就要在降成本上下功夫。每一个员工都要有成本意识,把成本意识牢记于心,想尽千方百计,使出万般手段,控制成本,减少成本,努力让企业利润增加,效益增长。

1. 成本高利润少,降成本就是增利润 / 054
2. 把每一个工作环节都当成降低成本的发力点 / 057

3. 杜绝生产环节浪费，减少生产成本 / 060

4. 善于还价，降低采购成本 / 066

5. 优化营销模式，控制营销成本 / 069

6. 把成本观念牢记于心 / 071

第五章 节省工作开支，减开支要善于抠细节 / 075

省下的都是利润，省一分等于赚一分。作为员工，一定要明白这样的道理，工作中要善于抠细节、重小事，从一张纸、一滴水、一度电开始，时时处处把节约放在心上，减少各项开支为企业增加利润。

1. 保持节俭意识，省一分等于赚一分 / 076

2. 节约不怕小，为企业节约每一张纸、每一度电、每一滴水 / 078

3. 认真仔细，彻底消除工作中的跑、冒、滴、漏现象 / 080

4. 办公室里处处可节约 / 082

5. 出差办事，节约为先 / 088

6. 业务招待，崇俭抑奢 / 091

7. 爱惜公物，绝不损公肥私占用企业一笔一纸 / 093

8. 多动脑筋，节约一分算一分 / 096

第六章 讲究工作方法，智慧工作减少不必要的浪费 / 099

真正的节约，不仅要千方百计省开支，更需要想尽办法不浪费。浪费才是利润最大的敌人。员工在工作中要学会智慧工作，多想办法，讲究方法，第一次就把工作做好做对做完美，不让任何浪费发生，才是最好的节约。

1. 科学规划，物尽其用 / 100

2. 准确决策，把损失消除在发生之前 / 103

3. 提升工作效能，减少资源浪费 / 104

4. 第一次就把工作做到最好，减少返工浪费 / 106

5. 善于废物利用，避免资源浪费 / 108

6. 科学节能，利用 EMC 机制减少能源浪费 / 111
7. 利用节电技术，节省工业用电 / 114
8. 推广水循环利用，把生产水耗降到最低 / 117
9. 利用余热资源，降低能源消耗 / 119

第七章　提高工作效率，效率高浪费自然就少 / 123

效率越高，说明资源的利用率越高，浪费越少。员工在工作中要有效率意识，不论是日常工作，还是召开会议，沟通交流还是团结协作，都要以效率为先。只有把效率提上来，才能把浪费减下去。

1. 效率越高，费用相对越少 / 124
2. 分清轻重缓急，提高办事效率 / 127
3. 召开高效会议，降低会议费用 / 129
4. 高效利用时间，时间效率高各种浪费都会减少 / 132
5. 能说善听，高效沟通省时省力 / 134
6. 团结协作，善于协作的团队效率更高 / 137
7. 服从但不盲从，执行越高效浪费越少 / 140

第八章　杜绝家庭浪费，崇俭抑奢创建节约家庭 / 143

除了工作中的浪费，家庭中的浪费也不容小觑。节约型员工不仅在工作中要处处节约，家庭中更要杜绝铺张浪费，节水节电节气，坚持勤俭节约，打造节俭家风，培养节约习惯，创建节约型家庭。

1. 杜绝铺张浪费，挥霍败家勤俭致富 / 144
2. 崇俭抑奢，打造节俭家风 / 148
3. 节约用水，全家动员人人参与 / 151
4. 家庭节电，小妙招有大作用 / 155
5. 厨房节气，省的不仅仅是钱 / 162
6. 改掉乱消费的毛病，能不买的就不买 / 165

7. 戒除图方便的习惯，一次性用品能不用就不用 / 168

8. 不必总是"好面子"，节俭生活更光荣 / 170

第九章　简化衣食住行，生活处处能节约 / 175

节约时时刻刻都能进行，除了节水节电节气，柴米油盐酱醋茶，衣食住行吃穿用，都可以以俭为主，减少浪费。不用讲排场，不必摆阔气，更不必好面子，戒除奢靡，俭朴生活更幸福。

1. 衣：俭朴素衣一样可以很时尚 / 176

2. 食：素食粗粮更有益于健康 / 178

3. 住："宅"里也有节约经 / 180

4. 行：减少"车轮上的浪费" / 182

5. 用：戒除奢靡少消耗多节约 / 186

6. 培养节俭习惯，把节约进行到底 / 188

第十章　做好垃圾分类，变废为宝把节约进行到底 / 191

有人说，世界上从来没有垃圾，所谓的垃圾不过是放错了地方的宝贝。确实如此，垃圾分好类，放对地方，就是造福人类的宝贝。节约型员工要学会垃圾分类，善于废物利用，把节约进行到底。

1. 别让一次性用品只用一次 / 192

2. 买卖二手用品，物尽其用也是节约 / 193

3. 别随手就扔，好多东西都可以再利用 / 194

4. 严格垃圾分类，减少资源浪费 / 198

5. 学会废物利用，把垃圾变成宝贝 / 201

第一章 当仁不让，"厉行节约、反对浪费"我就是先锋

"节约光荣、浪费可耻"，这是中华民族的传统道德观念，也是每一个人都应该秉持的行为准则。特别是在当下全社会掀起"厉行节约、反对浪费"热潮的时代，作为新时代国家建设中流砥柱的广大员工，理应当仁不让地挺立时代潮头，甘当节俭先锋。

1. 浪费可耻，奢侈浪费是极大的犯罪

浪费可耻，节约光荣，不论古今中外，这都是重要的社会道德标准。特别是在中国，从古至今，历朝历代，都以反对浪费、戒除奢靡为社会行为准则。对于攀比享乐之风、大操大办之风、奢侈浪费之风，不仅明令禁止，还会被当作犯罪给予严厉惩处，古代典籍中有很多这样的记载。

《尚书》中就载有一篇《酒诰》。这是周公给自己的弟弟康叔的一篇告诫之词。康叔是周公和周武王的弟弟，年龄不大，被封为卫君，管理商朝的遗民。周公担心康叔不懂得如何管理，于是写下了三篇训诫，让康叔作为理政守则。这三篇就是《尚书》里面记载下来的《康诰》《酒诰》和《梓材》。

诰，是《尚书》的一种文体，是帝王颁布的命令性文书。《酒诰》也就是关于酒的命令。这是我国最早的一篇"禁酒令"，也是迄今为止史上最严的戒酒令。文中认为酒是大乱丧德、危国亡国的根源，因而规定除了祭祀大典之外，禁止饮酒，而且对于聚众饮酒或者醉酒者，会处以杀头的极刑。文中有一段："厥或诰曰'群饮'，汝勿佚。尽执拘以归于周，予其杀。又惟殷之迪诸臣惟工，乃湎于酒，勿庸杀之，姑惟教之。有斯明享，乃不用我教辞，惟我一人弗恤弗蠲，乃事时同于杀。"翻译过来就是"假若有人报告说：'有人群聚饮酒。'你不要放纵他们，要全部逮捕起来送到周京，我将杀掉他们。又殷商的辅臣百官酣乐在酒中，不用杀他们，暂且先教育他们。有这样明显的劝诫，若还有人不遵从我的教令，我不会怜惜，不会赦免，处治这类人，同群聚饮酒者一样，要杀。"

为什么以贤明著称的周公，会把饮酒定为大罪，并制定如此严苛的惩罚措施，喝个酒就要被杀头呢？一个很重要的原因就是因为在古代，酿酒所费甚巨，需要投入相当多的粮食，饮酒实在是一种极其奢侈浪费的行为。

《汉书》记载："稻米一斗得酒一斗为上尊，稷米一斗得酒一斗为中尊，粟米一斗得酒一斗为下尊。"一斗粮食只能酿出一斗的酒。那时候的酒度数并不高，普通人可饮数升而不醉，则等于喝掉数升粮食。

在今天物质极大丰富的时代，人们会理所当然地认为，喝个酒吃个肉要点精加工的食品再正常不过了。但是在古代，农业生产技术极端落后，粮食产量极低，根本不够吃。原本就稀缺的粮食被酿成了不养人、不饱肚子、对健康无益的酒，这样的浪费，对于贤明的周公来说，是绝对不允许的。而且周公深知这种享乐之风的后果，商纣王就是因为饮酒作乐失掉了江山的。浪费粮食、带坏风气、毁国亡家这还不是犯罪是什么？当然要重罚严惩，才能以儆效尤，所以才下达了如此严苛的禁酒令。

不仅仅是周朝，历朝历代都有为了减少粮食浪费而发布的禁酒令，并且都明确规定饮酒行为是一种有罪行为，会受到重罚的。

汉高祖时丞相萧何制定的《汉律》中规定：三人以上无故饮酒的处以"罚金四两"；汉文帝为减少谷物的浪费而下诏戒酒；汉景帝中元三年（公元前147年）夏发生旱灾，庄稼歉收，政府下令禁止酒的买卖，贩酒就是犯罪。

三国时曹操在北方实施禁酒，理由是说夏周因酒而亡，政事多败于酒；真正意图是"但惜谷尔"——不过是节约粮食。

蜀国和吴国在南方同样下过禁酒令，而且比曹操的禁酒令更加严苛。如《三国志·蜀书·简雍传》里记载，蜀国因天旱而禁酒，规定家中藏有酿具与酿酒同罪。其目的也不过是因为旱灾时导致粮食歉收，为节约粮食才禁酒。

到唐朝时，中国已经出现蒸馏酒，酒精度数不断升高，使得酿酒需要更多的粮食。所以唐朝从高祖到太宗，都一直维持着禁酒令。

宋代禁止民间经营酒业，酿酒和卖酒都是官府才有的特权。元朝时因为各种灾难频发，粮食一直处于短缺危机之中，禁酒更是官府要事，每一位皇帝都颁布过禁酒令,"禁酿"和"岁饥"两个词一直贯穿元朝历史。

明朝时太祖朱元璋在定都金陵时便制定了禁酒令,以减少米麦的浪费。后来又下令农民不准种糯稻,以阻断造酒之源。清朝的禁酒始于康熙二十四年(1685年),康熙发现民间大肆酿酒而导致粮食浪费,为此提出"酒乃无益之物",倡导少喝酒。

岁饥之年,本来粮食就不够吃,还拿来酿酒,滥饮无度,导致一些人因无粮可吃而饿肚子,这不是犯罪是什么?被定罪惩处也就没什么奇怪了。

不仅把浪费粮食的饮酒行为定为犯罪,对其他大吃大喝、讲排场、搞铺张、奢靡浪费的行为,同样以犯罪论处。比如元代就明令严禁婚礼大操大办,违者以罪论处。

元朝大德八年(1304年)正月,皇帝发布诏令,要求"亲礼筵会,务从省约",对民间婚姻的彩礼、宴席各方面都做出了明确的限制性规定:上户,金1两,银5两,彩缎6表里,杂用绢40匹;中户,金5钱,银4两,彩缎4表里,杂用绢30匹;下户,银3两,彩缎2表里,杂用绢15匹。举办宴席,上、中户不得超过三味,下户不得超过二味。并形成了法律条文,若有违反,以罪论处。《元典章》中明确规定:"如蹈前辙,许监察御史廉访司体察明白,以赃论罪。"

在今天,虽然物质丰富,粮食充裕,但奢侈铺张,浪费粮食,依然是可耻的行为。中国共产党人一直视节约为光荣,视浪费为可耻。早在土地革命时期,革命领袖毛泽东就说过:"贪污浪费是极大的犯罪。"

当时物质条件匮乏,一碗粥,一个馒头都是救命的粮食,人们把粮食看得极其更贵重,谁要是浪费一粒粮食,理所当然大家都会认为他是在犯罪。其实不管任何时代不管物质条件如何丰裕,生活条件如何改善,也不能奢侈浪费。因为浪费是财富的天敌,是资源的天敌,是国家兴旺的天敌,是社会发展的天敌,奢侈浪费就是犯罪。

企业员工奢侈浪费就是犯罪——浪费公共资源,增加企业支出,加大生产成本，减少企业利润，甚至因此弄垮企业，还会抬高整个社会生产的平均成本，带来物价飞涨、社会经济不稳定的严重后果。不是犯罪是什么？

家庭或个人奢侈浪费同样是犯罪——浪费公共资源，影响家庭和谐，降低家庭幸福感，甚至导致家庭破败、消亡。更可怕的是对社会风气的腐蚀。贪图享乐、奢侈浪费，都会消磨意志、淡化理想信念，助长拜金主义、享乐主义、个人主义等不良社会思潮，腐化社会风气，不是犯罪是什么？

正如古人所说："奢靡之始，危亡之渐。"奢侈浪费是大贪，是大恶，更是大罪！唯有力戒力除，才能免于犯罪。

2. 节约光荣，节约是中华民族的传统美德

与浪费相反，节约一直是被推崇、被赞美、被重视并被全社会努力践行的品质和美德。

节约光荣。节物节用，俭朴生活，省下来的可以帮助他人，可以造福社会，怎么不光荣？一个人、一个家庭、一个国家，具备了节俭的美德，无论环境多么恶劣，生活多么艰难，道路多么曲折，都会顽强生存，一步步走出困境，最终走向强盛，怎么不光荣？

节约光荣。生产节约，开支节约，成本节约，从各个方面为企业节约，为企业增加利润，省一分等于赚一分，赚一分等于多一分，多一分就会富一分，怎么不光荣？

节约光荣，浪费可耻；节约致富，浪费败家；节约聪明，浪费愚蠢，这是全人类的共识。

在中国，自古以来，勤俭节约就是中华民族的优良传统和美德，世代相传的精神财富，也是中国人最崇尚和力行的处世原则之一。

早在春秋时期，俭朴就作为一种公德，为智者仁人所大力倡导。《尚书》说："惟日孜孜，无敢逸豫。"《左传》引古语说："俭，德之共也；侈，恶之大也。"《墨子》有"俭节则昌，淫佚则亡"之论。《论语》中有"夫子温、良、恭、俭、让以得之"的记载，老子说："我有三宝。持而保之：一曰慈，二曰俭，三曰不敢为天下先。"诸葛亮在《诫子书》中说："夫君子之行，静以修身，俭以养德。"

几千年来，在中国社会发展的各个时期，艰苦朴素、勤劳节俭都作为一种高尚美德，得到倡导、保持和发扬。这也是中华民族由小到大、由弱到强的重要因素，因而勤俭节约一直被人们视为治国之道、兴业之基、持家之宝。

"文景之治"的盛世图景，正是因为汉文帝的英明和勤俭带来的。他在位23年，没有修建宫室苑囿，还经常撤消旧有的苑囿，将土地赐予贫民。有一次他打算修一座露台，工匠预算说要花费100斤黄金。他听后便说"百金是十户中等人家的财产呀"，马上作罢。他穿的衣服是用厚帛做的，不加纹饰，是黑色的，穿破了也舍不得扔，补补再穿。

大唐贞观之治开有唐一代的盛世，同样与唐太宗李世民崇俭抑奢、倡导俭朴密切相关。他对隋朝从盛世走向灭亡的整个过程，对隋炀帝挥霍无度、穷奢极欲、穷兵黩武，导致天下大乱、民不聊生的教训十分清楚。因此当上皇帝后，尤其重视勤俭节约，提倡戒奢崇俭、艰苦奋斗的生活作风，并以身作则，带头践行。同时严格要求各级官员，使全国上下俭朴之风盛行，换来的是国运之昌日隆。

大明开国之君朱元璋也是一个勤政节俭的皇帝，他把提倡勤俭，反对奢侈提到国家兴亡的高度来认识。"自古王者之兴未有不由于勤俭，其败亡未有不由于奢侈"，这是他总结前人历史经验告诫后人的一句名言。他在位30年，一直力倡勤劳节俭，反对奢侈浪费。在他的故乡凤阳，还流传着四菜一汤的歌谣："皇帝请客，四菜一汤，萝卜韭菜，着实甜香；小葱豆腐，意义深长，一清二白，贪官心慌。"由于朱元璋提倡节俭，反对奢侈，再加上政治、军事等方面一系列措施的实施，明王朝日益强大，社会经济得到迅速恢复和发展。

"成由勤俭败由奢"，任何一个时代，这都是至理名言、醒世箴言。节约光荣，也是许多有大成就、大功勋、大伟绩的人都尊崇的真理。

中国共产党之所以能在艰苦的条件下赢得革命的最终胜利，同样是凭借克勤克俭的精神，依靠艰苦奋斗的作风，不断发展壮大，并赢得最后的胜利。从新民主主义革命时期、土地革命时期、抗日战争时期、解放战争时期、社会主义革命时期，一直到今天建设社会主义现代化强国时期，中国共产党的百年风雨历程，就是一部中国共产党艰苦奋斗的史诗。党的领导集体更是艰苦奋斗、勤俭节约的典范，节约光荣是他们一生奉行的准则。

毛主席一生粗茶淡饭，睡硬板床，穿粗布衣，生活极为简朴，一件睡衣竟然补了73次，穿了20年。

转战陕北时，李银桥看到他洗脸洗脚用同一条毛巾，就又领了一条。毛主席说，现在用脚多，用面子少，一条就行了。李银桥又说，不管用脚用脸，要讲卫生啊。毛主席说，如果全军每人多用一条毛巾，这些钱买子弹，可以打两个沙家店战役，坚持让他退回。

延安时期，著名的华侨领袖陈嘉庚回国慰问抗日将士，蒋介石在重庆花800大洋请他吃山珍海味；而到了延安，毛主席则请他吃战士们自己种的蔬菜和房东大娘专为贵宾送来的一只母鸡。对比之下，陈嘉庚先生含着眼泪感慨地说：共产党一定会取得胜利。当年，美国作家斯诺到延安采访，从毛泽东住窑洞、周恩来睡土炕等平凡小事上，洞察出共产党人作风的伟大力量，并动情地把它称之为"东方魔力""兴国之光"。他们正是透过党的作风，看到了共产党人的崇高精神和巨大力量。①

厉行勤俭节约，周恩来也是榜样。中国共产党新闻网曾采访他的侄女周秉德。周秉德在访谈中说，他的饮食清淡，不事奢华，不仅常吃粗粮，而且从不浪费一粒米、一片菜叶。每次吃完饭，总会夹起一片菜叶把碗底一抹，把饭汤吃干净，最后把菜叶吃掉。吃饭时，偶尔掉在桌上一颗饭粒，也要马上捡起来吃掉。不仅吃得节俭，在穿上也是这样。他担任总理26年，皮鞋只有三双，不肯换新的皮鞋，只是换鞋底。衣服也穿得补了又补，咱们看见他的照片，一直都是很笔挺、很整洁的。但是里面的衣服都是补了又补。②

在毛泽东、周恩来等老一辈革命家的带领和影响下，全党、全军、全国人民上下一心，把艰苦朴素、勤俭节约的优良传统不断发扬光大。这种俭朴精神使红军能爬雪山、过草地，扛过二万五千里长征的艰辛；这种不畏艰难、敢于吃苦的精神，使中国共产党靠"小米加步枪"最终打败了国民党的"飞机加大炮"。

随着革命事业发展壮大，我们党取得了政权，进入和平建设年代，开始了热火朝天的社会主义建设。社会环境改善了，生活条件好了，但艰苦奋斗的精神、勤俭节约的传统，依然是我们的创业之基、强业之路、兴业之本。有一首歌唱道："勤俭是咱们的传家宝，社会主义离不了。不管是一寸钢、一粒米、一尺布、一分钱，咱们都要用得巧。好钢用在刀刃上，千日打柴不能一日烧。"全社会都把勤俭节约作为做人和干事业的行为准则。

在改革开放进一步深化的现阶段，"厉行节约、反对浪费"依然是党和国家大力倡导的良好作风。习近平总书记高度重视浪费现象，多次对奢侈浪费作出重要指示，反复强调要整治浪费，在全社会大力倡导"厉行节

---

① 详见人民网-中国共产党新闻网，2015年1月26日内容。张全景：学习党史国史 增强"三个自信"【2】--党史频道-人民网 http://dangshi.people.com.cn/n/2015/0126/c85037-26449516-2.html
② 详见人民网，周恩来的朴素岁月：当总理26年间只穿三双皮鞋--党史频道-人民网 http://dangshi.people.com.cn/n/2013/0301/c138891-20647903.html

约、反对浪费"的社会风尚,并以身作则,身体力行,带头坚决反对奢靡之风。

世界上许多民族和国家都把勤俭节约作为重要的社会道德准则,并以此发家、致富、旺业、兴国、富民。像瑞士、德国等国家,虽然国家富裕,但人们花钱从来不大手大脚,而以节俭闻名于世,对于浪费者,还会给予惩罚。铺张浪费可耻、勤俭节约光荣,这是走到哪里都不会改变的真理。

3. 节约首先要反对浪费

节约,并不是要求我们不花不用、少吃少喝,而是花费有度。《现代汉语词典》对"节俭"的解释是:"用钱等有节制。"这个节制与小气、吝啬是不一样的。正如《菜根谭》里所说:"俭,美德也,过则为悭吝,为鄙啬,反伤雅道。"节俭是美德,但需有度,过度就是吝啬。

"吝啬"是当用不用,不该省的却拼命去省,这样当然不是节俭,而是在当守财奴。像泼留希金那样穿得像个乞丐,像老葛朗台那样为了几个铜板不顾妻子女儿的死活,像严监生那样临死还惦记着那根没灭的灯芯,都是没有必要的。我们可以在条件允许的情况下享受必要的物质生活和精神生活,只是没有必要为了满足自己的虚荣心而肆意摆阔,挥霍浪费。当用则用不吝啬,当省则省不浪费,这才是对节约的正确理解和诠释。

所以我们所说的节约,并非不吃不穿不花钱,而是不挥霍不铺张,不奢侈不浪费。是"当用则用、当省则省"的花钱观念;是"只买对的、不买贵的"的消费观念;是"爱物惜物、珍惜资源、不挥霍浪费"的道德观念。是物尽其用、物善其用、物超其用的新风尚;是反对浪费但不反对享受生活的新观念。民间有句俗语"吃不穷,穿不穷,挥霍浪费一世穷",新时代的节约并不是要求人们节衣缩食、不吃不喝，而是不要浪费。因为浪费是财富的天敌。只要有浪费存在，再大的家业也会被浪费吞噬殆尽。

早些年国内有一家民营公司，因为抓住了国家政策的红利得以迅速崛起，几年时间就做到了业内第一，一时风头无两，公司利润惊人，创始人和员工都迅速致富，引来无数美慕的目光。

创始人兴奋之余，迅速鸟枪换炮，把公司总部由郊区迁至最繁华的市中心。后来又不惜耗费巨资购置了豪华的办公楼，装修也极尽奢华，理由是要维护公司的形象，哪怕付出一定的代价也在所不惜。

上行下效，上层如此追求奢华，下面自然风气更甚。于是，上上下下，奢侈之风盛行，挥霍浪费随处可见。员工出差，一律飞机出行，因为"不能丢了公司的面子"；公司接待，不管对方是谁一律按最高标准，因为"不能失了大公司的气度"……就连办公用品，也非名牌不买！从上层浪费到基层浪费，从领导浪费到员工浪费，各种成本直线增加……两年不到，这家曾经红火一时的公司就惨然倒闭。创始人由超级富豪跌到一文不名，成了有名的"负翁"，让人叹息不已。

这样的教训不可谓不深刻。浪费带来的损失是惊人的、可怕的。我们平常说要节约每一滴水、每一张纸、每一度电，确实，这些都可以省下不少，但和浪费相比，节约的这些可能是九牛一毛了。一家大型企业的老总就深有感触地说："和浪费相比，节约几张纸、几度电确实没有多大用，关键是要遏制企业大手大脚的浪费之风，这才是重要的。"

是的，节约，首先要反对浪费。不消除浪费的节俭，不过是装装样子而已。因为浪费太多，节俭下来的还不如浪费的零头，那又有什么意义呢？只有消除了浪费之后再从节约一度电、一粒米、一张纸开始，积少成多，才能使企业持久赢利。

4. "厉行节约、反对浪费"是每一个员工的责任

"厉行节约、反对浪费",不仅仅是国家机关、党政领导或是国有企业、国家单位、某些组织或某些人的责任和任务,而是全社会共同的责任和义务。厉行节约,人人有责,从来就没有局外人和旁观者。

员工作为企业的一员,与企业是一个利益共同体,"厉行节约、反对浪费"理所当然也是每一个员工的责任,每一个企业员工都有责任、更有义务投身于"厉行节约、反对浪费"的热潮中,担当起节约先锋,为企业节约为企业创造利润,这样的员工,当然也会得到企业的欢迎。

一家大公司新进了一批年轻人,个个穿戴不凡,吃穿讲究。只有一个年轻人与众不同,他不追时尚,不赶潮流,反倒有些传统和老派,特别是处处节约的习惯,显得和其他同事有些格格不入。老板却很欣赏他的节约精神,把他提到自己身边当助理。

一家外商企业有意与这家公司合作,投资一千万美元开发一个项目。商务谈判从早上谈到晚上,双方对合作项目都非常看好,只是还没有最终敲定。谈判结束后,老板因为临时有急事便安排这位助理招待外商吃晚餐,年轻人安排他们在公司附近的一家餐馆用餐。

晚餐很简单,几个盘子都吃得干干净净,只剩下两个小笼包子。年轻助理对餐馆服务员说:"请把这两个包子打包一下,我要带走。"外商看到后问他:"这两个小包子你带回去干什么?"年轻助理不好意思地说:"晚上我回去还要再研究一下我们合作项目的事,这两个包子我准备当夜宵吃。"

一听这话,外商站起来握住年轻助理的手说:"明天我们就签合同吧。你连两个小包子都知道物尽其用,更不用说我投资的资金了。"

懂得节俭的人,一定不会把金钱、财富和资源当儿戏,投资给这样的人,总是让人更加放心。他们懂得自己的责任,懂得一粥一饭来之不易,一钱一物都应珍惜,不会浪费企业的一分一厘又怎么会不珍惜外来的投资呢?

企业和员工是一个利益共同体,企业的利润员工有份,企业的浪费和损失同样也需要员工来承担,为企业节约,就是为自己节约,就是义不容辞的责任。每一个员工都应该把节约当成自己的价值追求和工作境界,在工作中倡导节约,推崇节约,践行节约,想方设法为企业省钱,千方百计为企业降成本、省开支、增利润,这才是企业需要的优秀员工。

5. 从自己做起,自觉担当节俭先锋

企业员工应该当仁不让地做"厉行节约、反对浪费"的倡导者、示范者,从自己做起,从岗位做起,从节约一度电、节约一滴水、节约一张纸、节约一粒米做起,切切实实把节约当成工作的理念。

有一家大型出版公司,打算去外地参加一次书展,必须带去一些宣传资料。老板叫来秘书,让秘书尽快去联系印刷厂印制宣传材料。

秘书想:上次展会还剩下好多资料,如果可以把那些资料利用起来,不就可以省下重印的钱吗?

秘书便找出资料进行核对。发现绝大部分内容都一样，只有一个电话号码变了。

秘书仔细地用印有新号码的不干胶纸贴在了旧号码的上面，完全不影响美观和宣传效果，省下了几千元的印刷费用。

老板表扬了秘书，并立即开了一个小型会议。在会上，老板说："这个创意非常妙，虽然节省的钱不多，但是可以看出她已经将节约当成了自己的责任，主动去想办法为公司节约成本，如果大家都像她那样为公司节约，那么公司就不愁发展了。"

从我做起，从现在做起，厉行节约。这不仅是对每一位员工的基本素质要求，更是对每一位员工工作态度的要求。

有的员工会问：我该怎么做？答案很简单：行动起来。比如使用电灯、电话的时候，养成人走灯灭、长话短说的习惯；使用复印机、打印机、公文纸的时候，以节约为先，做到节约每一张纸、每一滴墨等。把握工作和生活中的每一个环节，找到厉行节约的每一条途径。长期坚持，形成习惯，节约就会深入内心，成为自觉。

节约不是口头上的声嘶力竭，而是一种实实在在的行动，是每一名员工牢固树立起节约意识，在日常工作中养成节约的好习惯，把节约融入到工作中去，从自己做起，从岗位做起，主动自觉地为企业节约的行动。

不要认为别人可以浪费，为什么我就不能？不要认为别人在公司打私人电话，你就可以效仿；不要认为别的员工顺手牵羊将公司的财物据为己有，你也就手痒难以自禁……不要去管别人怎么做，你先做好你自己，别人犯错误不是你犯错误的借口，别人的浪费也不能成为你浪费的理由。

记住，为企业节约就是员工的责任。作为员工务必树立起"从我做起"的观念，自觉将节俭当作自己的义务，把为企业节省落实到自己工作的每一个环节中。

6. 从现在做起,坚决抵制任何浪费

前面我们说过,节约首先要反对浪费。作为一名员工,不仅在家庭中要反对浪费,吃饭"光盘",穿衣从简,不摆阔气,不搞排场;在生活中也要反对浪费,杜绝大吃大喝、奢侈享乐、爱物惜物、当省则省,更重要的是在工作中立场鲜明地反对浪费、消除浪费、杜绝浪费、坚决抵制任何形式的浪费,这样才真正把节约落到了实处,一点一滴的节约也才有了意义。

从现在开始,坚决抵制工作中的浪费。工作以节俭为荣,节约每一滴水、每一滴油、每一点原材料,自觉主动地为企业节约,把节约贯穿到工作中的每一个细节。

李涛是一家生产企业的班组长,他平时就比较节俭,当了班组长后,把这种节俭的作风传递到了班组的每一个组员心中,并身体力行,以身作则,坚决反对各种浪费。在他的班组,所有员工都必须做到:用餐时吃多少打多少,不浪费;白天工作时光线适宜一律不准开灯;用水后必须把水龙头拧紧了;文件传送都用微信、QQ或邮箱等;必须打印时要做到双面打印,即便是写个宣传标语,也尽可能用使用过的纸再用毛笔写在背面;饮水机水开后就关闭电源,空调开到最省电的模式,下班务必关闭电源;出门随手把室内的灯关上;生产材料和工具,比如导线、金属工具等能二次利用的一定要回收,边角废料集中放好,方便再次利用……如果发现有浪费情形,李涛绝不留情面,该批评的批评,该罚款的罚款。

刚开始大家都感觉很不习惯,一不小心就会被李涛批评,但习惯之后,

大家都感受到了爱物惜物、节约节省的好处，都开始主动积极地反对浪费，厉行节约。而且还把这种精神延伸到了生活中，倡导节约、反对浪费成了李涛班组最醒目的标签。

这也给他们带来了丰厚的回报。在年底评比时，李涛班组的效益是最高的，班组得到了公司的一个节约大奖，而节约下来的利润全部分给了班组员工，大家这才明白，原来节约这么好！

对企业来说，生产中的浪费多不胜数，一不小心，辛苦生产创造出来的微薄利润很有可能就被不经意间造成的浪费吞噬得干干净净。

生产现场中的浪费主要是指生产上"只能增加成本"的各种因素。例如，过多的人员，过多的库存，过多的设备以及跑冒滴漏、设备材料的损耗等。这些都有可能增加成本，减少企业效益。优秀的员工一定要自觉按照规范化、标准化操作来生产，以节俭为先，减少损耗，降低成本，抵制和杜绝生产中的一切浪费行为。

从现在起，抵制工作中的一切浪费。在工作中要像李涛班组的员工一样，时时处处想着节约，坚决抵制工作中的各种浪费。比如下级等待上级的指示，上级不安排工作就坐着等，甚至不指示下级就不执行，上级不询问，下级就不汇报，上级不检查下级就拖着，造成极大的浪费。有节约意识的员工，要积极主动地请示汇报，自动自发地完成任务，全面消除消极等待造成的浪费。

有的员工业务能力低下、素质低下，不能满足工作需要，也会导致工作像无头苍蝇一样，不知道如何去做。这就需要上级把复杂无序的工作标准化、规范化、简单化，使普通员工可以完成原本无法完成的工作。而员工自己则需要积极努力地去学习、提升和改善自己的业务能力，尽可能保证自己的工作有序且高效，杜绝类似的浪费。

有的员工在办公室工作，没有生产物料的浪费，但如果节约意识淡薄，同样浪费惊人。像白天黑夜都灯火通明，热水器插上不拔，电脑开了不关，自来水跑冒滴漏；办公电话公私通用，聊起来没完没了；可发不可发的文件堆积如山，为了应付各种检查评比制作的文件表格名目繁多；印刷纸张单面使用，无形中增加了一倍的办公成本。这些细节方面的工作浪费，日积月累就是一个很惊人的数字。彻底杜绝这些浪费，才能使企业越来越兴旺。

　　厉行节约、反对浪费，要的是行动，是立即着手，马上开始，从现在开始。一个优秀的员工，坚决抵制各种浪费行为，全力倡导节俭工作原则和生活方式，向工作中、生活中各种各样的浪费行为宣战，从节约每一滴水、每一度电、每一张纸、每一粒米、每一分钱开始，践行俭朴的生活方式，争做艰苦奋斗、勤俭节约风尚的传播者、示范者和实践者，为全社会形成厉行节约的良好风尚献出自己的一份力，才不负时代，不负社会，不负企业，也不负自己。

第二章 义不容辞，积极投身『光盘行动』反对餐饮浪费

一碗碗几乎未动的米饭，一盘盘浅尝则扔的佳肴，一桌桌堆盘叠碗的『剩宴』……触目惊心的『舌尖上的浪费』，引发了全社会的反浪费之声。一场轰轰烈烈的『光盘行动』在全国展开。作为员工，理当义不容辞地投入进去，带头拒绝餐饮浪费，切切实实为节约出力。

1. "光盘行动"，新时代节约行动的嘹亮号角

"光盘行动"，是 2013 年由来自各行各业的 30 多名民间公益人士自发组织起来的一次反对铺张浪费、倡导吃光盘子中的食物、反对剩饭剩菜、反对浪费粮食的公益活动。活动一经开展，即得到主流媒体和普通民众的大力支持，并迅速在全国各地掀起热潮，"光盘行动"也旋即成为 2013 年十大新闻热词、网络热度词汇和最知名的公益品牌之一，并且一直延续至今。

"光盘行动"之所以会如此引人注目，并产生如此重大的社会效益，与当时的背景和环境大有关系。

2013 年前后，经过改革开放三十多年的迅猛发展，我国经济实力急速上升，物质生产日益丰富，人民群众的生活水平发生了翻天覆地的变化。特别是在吃的方面，更是达到了一个空前丰富的水平。粮食、蔬菜、水果，肉、禽、蛋、奶以及其他各类食品都极大丰富，各种各样的加工食品琳琅满目，数不胜数，老百姓的"米袋子""菜篮子"都应有尽有。餐饮业也发展迅猛，四处饭店林立，八方美食汇聚，曾经最让中国人操心的"吃"，早已不再是为生存而不得不将就的填饱肚子，而是成为对更高生活享受的不懈追求。

但随着"吃"的极大丰富和大家对"吃"的更高追求，也催生出了在"吃"的方面的各种奢侈浪费现象。很多人有钱了以后，就觉得"生活好了，是该奢侈的时候了"，"发家致富了，想怎么花就怎么花，想怎么享受就怎么享受"，于是讲究吃得"有档次""有排场"，非高档饭店不进，非山珍海味不点，随心所欲，肆意而为。"有钱任性点，不吃无所谓"的现象比比皆是。一顿饭动辄上万元甚至几十万元都不稀奇，点菜生怕点得少，烟酒只按最贵的要，燕窝鱼翅全家福，山珍海味大拼盘，盆满钵满桌堆满，

还嫌不够,还要再点,而桌上的很多菜肴,根本未置一筷,最后统统倒掉……

更可怕的是,"浪费点东西不算啥,倒掉点饭菜怕什么?""我花了钱,想怎么吃就怎么吃""我掏钱、我想扔,谁也管不着"的思想在社会上盛行,浪费非但不会让人感到羞耻,反而成了一种"时尚",以至于很多人认为浪费是一种本事,一种能力,是自己"能挣钱、敢花钱"的体现。大吃大喝、挥霍无度、互相攀比的现象比比皆是,大摆阔气、奢侈享乐、铺张浪费的现象随处可见,每天倒掉的餐饮垃圾堆山如海,让人痛心不已。这些愈演愈烈、越刮越猛的浪费之风,让越来越多的人认识到,餐饮浪费已经到了一个非整治不可的地步。

拒绝粮食浪费

党中央和国务院更是高度关注这一重大社会问题,下大决心整治餐饮浪费,着力在全社会营造"厉行勤俭节约、反对铺张浪费"的社会氛围,全面扭转奢侈浪费之风。

2013年1月,习近平总书记在新华社一份《网民呼吁遏制餐饮环节"舌尖上的浪费"》的材料上作出批示。批示指出,从文章反映的情况看,餐饮环节上的浪费现象触目惊心。广大干部群众对餐饮浪费等各种浪费行为特别是公款浪费行为反映强烈。联想到我国还有为数众多的困难群众,各种浪费现象的严重存在令人十分痛心。浪费之风务必狠刹!要加大宣传引导力度,大力弘扬中华民族勤俭节约的优秀传统,大力宣传节约光荣、浪费可耻的思想观念,努力使厉行节约、反对浪费在全社会蔚然成风。各级党政军机关、事业单位、各人民团体、国有企业,各级领导干部,都要率先垂范,严格执行公务接待制度,严格落实各项节约措施,坚决杜绝公款浪费现象。要采取针对性、操作性、指导性强的举措,加强监督检查,鼓励节约,整治浪费。①

---

① 参见人民网2013年1月29日报道,习近平作出批示要求:厉行节约 反对浪费——新闻报道 - 人民网 http://cpc.people.com.cn/n/2013/0129/c64094-20354667.html,新华社北京2013年1月28日电,记者隋笑飞、赵仁伟、李铮、许晓青。

全国各地纷纷响应。党员、干部、职工、群众、学生纷纷加入节约行动的大军，以节俭为荣，以浪费为耻的观念渐入人心。在此背景下发起的"光盘行动"，理所当然地成为全国上下节约行动最嘹亮的号角，一夜之间席卷全国，并迅速在全国各地掀起了轰轰烈烈反对"舌尖上的浪费"的高潮。

2013年11月，中共中央、国务院印发《党政机关厉行节约反对浪费条例》，从源头上狠刹奢侈浪费之风。地方政府和相关部门也纷纷出台各种各样的政策措施，全面倡导节约观念，大力整治浪费之风。"舌尖上的浪费"现象有所好转，餐饮浪费、特别是群众反映强烈的公款餐饮浪费现象，得到了有效遏制。

"光盘行动"的号角更加响亮，反对浪费的行动更加深入而广泛，全国各地、各级组织、机构、团体、单位纷纷发出"光盘行动"倡议，号召各行各业人员都加入到"光盘行动"中来，文明就餐，节约用餐，珍惜每一粒米、每一颗粮、每一片菜叶，以实际行动践行习近平总书记的指示精神，带动全民节俭、全方位节俭、全社会节俭，在全社会大力营造浪费可耻、节约光荣的氛围，使崇简抑奢成为全社会的文明追求，为加快形成全民勤俭节约、反对一切浪费的良好风气汇聚起全社会的磅礴之力。

"光盘行动"是全民节约、人人行动的嘹亮号角，是厉行节约、反对浪费的响亮口号。作为一名普通的员工，作为社会的一员，我们要做的，就是积极行动起来，积极投身"光盘行动"，将厉行节约、反对浪费的理念内化于心、外践于行，以实际行动将"厉行勤俭节约、制止餐饮浪费"进行到底，坚决抵制生活奢靡、贪图享乐等不良习气，大力破除讲排场、比阔气、搞攀比等陋习，为在全社会形成节约风气奉献自己的一份力量。

2."舌尖上的浪费",触目惊心

为什么党和国家如此重视"舌尖上的浪费",一而再、再而三地强调厉行勤俭节约、反对铺张浪费,并倡导和鼓励在全国上下掀起"光盘行动"?除了党和国家一贯坚持的"勤俭节约、艰苦奋斗"的精神,和坚决反对浪费、厉行节约的决心外,更重要的是,随着经济的发展和生活条件的进一步改善,讲排场、搞铺张、挥霍浪费现象又有所抬头,奢靡享乐之风再次刮起,大吃大喝现象卷土重来,餐饮浪费触目惊心,浪费惊人。

2018年,中国科学院地理科学与资源研究所和世界自然基金会联合发布的《中国城市餐饮食物浪费报告》披露,通过对北京、上海、成都、拉萨4个城市366家餐馆进行的实地调研发现,中国餐饮业人均食物浪费量为每人每餐93克,浪费率为11.7%。其中,大型餐馆、游客群体、商务聚餐等是餐饮食物浪费的"重灾区"。大型聚会浪费达38%,学生盒饭有1/3被扔掉。初步测算,我国仅城市餐饮业食物浪费量就在1700万~1800万吨,相当于3000万~5000万人一年的食物量。①

这些年,虽然"光盘行动"一直在坚持,反对浪费的声音一浪高过一浪,但餐饮浪费现象依然"触目惊心、令人痛心"。

调查显示,当前大型餐馆、各类食堂、自助餐、外卖以及家庭聚餐等

---

① 惊人!中国餐饮业人均浪费食物11.7%_新闻中心_中国网 http://news.china.com.cn/2020-08/14/content_76600020.htm

仍是餐饮食物浪费的"重灾区"。

大型餐馆酒店,浪费惊人。点菜过多根本吃不完,很多人为了面子也不会打包带走,而且这类聚会中往往还伴有高档酒水消费,减少了对其他粮食的食用,导致浪费更加严重。

大学食堂里,学生们买了饭菜吃不完,每天要填满无数个垃圾桶。一项对北京多个大学的调查显示:被倒掉的饭菜总量,约为学生购买饭菜总量的1/3。

自助餐厅更是浪费大户。很多餐厅虽然墙上写着"剩余食物不能超过150克,否则要额外缴纳餐费",但客人还是不管不顾,拿一大堆,剩一大堆,大量浪费。

点外卖已成习惯,很多人点的时候不知吃什么好,就一个人点了双人份,结果送来了又不爱吃,吃几口就扔掉了。

家庭食物浪费同样惊人。根据初步调查,大概每个家庭或每个饭馆都有10%左右的粮食被浪费了,一般人认为这不是很严重的问题,才10%,还有90%都被利用了。但如果人人都浪费10%的话,那么全国的浪费加起来多么惊人。中国目前有13多亿人口,任何微小的浪费,最后都能汇成一个巨大的天文数字。

这样的浪费,怎么不令人看在眼里,疼在心里?"奢侈之费,甚于天灾",如果不狠刹此种歪风,那么不管中国多么地大物博,资源丰富,改革开放的成就多么巨大、粮食再怎么丰收、生活再怎么富裕,也终究会被浪费掏空掏尽!

全球粮食浪费同样惊人。联合国粮农组织发布的《2019年粮食及农业状况》显示,全球在收获后到零售前的加工和供应链环节内,所损失的粮食占到总产量的14%。而在粮食生产和消费全流程中,浪费更多,大约有1/3的粮食遭到损失或是浪费。

想想看,这样的浪费,即使良田再多粮食也不够,出产再多的粮食也还是有人会挨饿。

常言说"民以食为天",吃饭问题就是生存问题,浪费粮食必然导致粮食不足,导致一部分人饿肚子。来自联合国的另一项统计数据显示,目前全球有6.9亿人在挨饿,占全球人口的8.9%,预计到2030年,将有超过8.9亿人即全球人口的9.8%受到饥饿的威胁。可如果节约有度,全面杜绝浪费,出产的粮食可以养活地球上所有的人。那我们怎么还能够浪费一颗米粒、一片菜叶、一口汤水?

3. 居安更要思危,多国已现粮食危机

近些年,随着农业科技的高速发展和"三农"投入的增加,我国粮食产量持续增长,实现了连续16年的丰收局面,从一个粮食进口大国成为一个自给自足的丰粮国家,创造了以世界上7%的耕地养活地球上22%的人口的奇迹,粮食安全得到了极大的保障。

2019年10月,国务院新闻办发布的《中国粮食安全白皮书》中显示:中国人口占世界的近1/5,粮食产量约占世界的1/4。中国依靠自身力量端牢自己的饭碗,实现了由"吃不饱"到"吃得饱",并且"吃得好"的历史性转变。

粮食产量稳步增长。2019年,我国粮食人均占有量稳定在世界平均水平以上,达到470公斤左右,比1996年的414公斤增长了14%,比1949年新中国成立时的209公斤增长了126%,高于世界平均水平。

粮食单产显著提高。2010年平均每公顷粮食产量突破5000公斤。2018年达到5621公斤,比1996年的4483公斤增加了1138公斤,增长25%以上。2017年稻谷、小麦、玉米的每公顷产量分别为6916.9公斤、

5481.2公斤、6110.3公斤，较1996年分别增长11.3%、46.8%、17.4%，比世界平均水平分别高50.1%、55.2%、6.2%。

粮食总产量连上新台阶。2010年突破5.5亿吨，2012年超过6亿吨，2015年达到6.6亿吨，连续4年稳定在6.5亿吨以上水平。2018年产量近6.6亿吨，比1996年的5亿吨增产30%以上，比1978年的3亿吨增产116%，是1949年1.1亿吨的近6倍。

仓储现代化水平大大提高。2018年全国共有标准粮食仓房仓容6.7亿吨，简易仓容2.4亿吨，有效仓容总量比1996年增长31.9%。食用油罐总罐容2800万吨，比1996年增长7倍。[1]

目前，全国小麦、稻谷库存量大体相当于全国居民一年的消费量。所以我国粮食不仅可以保障自给自足，而且储备充足，不存在缺口，虽然每年都有少量粮食进口，但主要以大豆、粗粮等饲料粮为主，进口的大米、小麦分别占国内消费总量的1%和2%，主要起到品种串换和调剂的作用，并不依靠进口粮食维持生活。所以可以很自豪地说，我国的粮食安全是有保障的。

但这并不意味着我们就可以不用节约，就可以肆意浪费。居安思危，粮食问题任何时候都不能掉以轻心。

我国人口众多，粮食需求巨大，而且历史上曾经闹过多次饥荒，保障粮食安全是一个至关重要的问题。居安更要思危，丰收更需节约。看起来我国粮食连年丰收，供应丰富，仓满囤满，但并不是所有粮食都在绝对安全状态。比如，主粮中稻谷和小麦产需有余，完全可以自给，但大豆却有75%依靠进口。玉米等饲料粮也需要每年进口1000万吨左右。

所以，就算目前粮食储备丰富，农业连年丰收，也绝对不敢有丝毫的懈怠，更不可以浪费。特别是当下更应当以节约为先。由于洪水、山火以及蝗灾的影响，世界上多个国家已经出现粮食危机，世界上还有很大一部分人群处于饥饿状态之中。

---

[1] 中国的粮食安全－新华网 http://www.xinhuanet.com/politics/2019-10/14/c_1125102709.htm

早在 2020 年 8 月，联合国就发出预警，表示已经有多国面临着严重的粮食危机。接连暴发的蝗灾、极端天气等灾害也都给各国的农业发展造成了不便，对此也有专家分析表示各国即将迎来 50 年内最严重的粮食危机，面临严重饥饿风险的国家也多达 25 个。

2020 年 7 月 13 日，联合国粮农组织发布的《世界粮食安全营养状况》预计，2020 年全球食物不足人口将达到 1.32 亿人。①

在这样的情况下，怎么可能还任由粮食浪费！居有当思无，"丰年要当歉年过，有粮常想无粮时"，党和国家提出反对"舌尖上的浪费"，绝不是不合时宜，更不是多此一举，而是高瞻远瞩、心怀天下的大思考、大格局。

十八大以来，党和国家树立了"确保谷物基本自给、口粮绝对安全"的新粮食安全观，确立了"以我为主、立足国内、确保产能、适度进口、科技支撑"的国家粮食安全战略，始终坚持走中国特色粮食安全之路，就是要确保"中国人的饭碗任何时候都要牢牢端在自己手上"。只有全国上下同声共气，团结一心，及早行动，共同把反对粮食浪费抓在手里，全国人民一齐发力，每个人都节约一点，"一滴水，不算多，一滴一滴汇成河；一粒米，不算多，一粒一粒积满箩"，长期坚持，我们的粮食安全才能真正获得保障。

---

① 参见《人民日报》2020 年 7 月 15 日第八版。

4. 积极参与"光盘行动",带头拒绝餐饮浪费

当前,全国上下积极响应习近平总书记关于制止餐饮浪费行为的重要指示精神,一场持续践行"光盘行动"、坚决拒绝"舌尖上的浪费"的行动正在全国各地如火如荼地展开。

中央有号召,人民有行动。全国各地的干部、职工、学生都积极参与到行动中来,不仅认真学习党中央关于反对餐饮浪费的指示,而且充分运用基层智慧,以自己的实际行动积极投身"光盘行动"的大潮,争当厉行节约的先锋官,勇做反对浪费的排头兵,带头拒绝餐饮浪费,把适量点餐、不剩菜、不剩饭,不浪费一粒粮食,作为自己的生活方式,不仅自己不浪费,还反对他人浪费,抵制浪费行为,实实在在起到模范带头作用,传递"厉行节约、反对浪费"的正能量。

在全国"光盘行动"中,全国各地广大员工积极响应,踊跃参与,争当"厉行节约、反对浪费"的先锋。

中建八局济南公司的青年团员率先行动、争做典范,践行光盘行动。不仅对餐厅管理进行优化调整,在取餐处悬挂文明用餐标语,时刻提醒就餐人员珍惜粮食、勤拿少取,就餐员工按照自身需求取餐,有效减少粮食浪费,而且各项目从餐厅制度入手,严控采购环节,坚持科学采购,合理保持库存,并加强食品原材料质检、验收、留样,避免因采购过量、质量不佳、验收不严而造成浪费。

南方电网广西南宁供电局员工积极响应分餐制,严格按需订餐,按需取餐,以实际行动践行"光盘行动",更通过拍摄抖音视频的形式开展"光

盘行动比晾晒"，说出节约宣言，以滴米不剩为"光盘行动"代言，小视频在员工微信群积极传播，"比晾晒"新颖活泼的形式让员工积极打卡，纷纷参与拒绝"舌尖上的浪费"行动。

这只是广大员工积极参与"光盘行动"的一个缩影。在参与今年的"光盘行动"过程中，广大员工不仅身体力行，积极投入参与进去，而且脑洞大开、奇招迭出，想出了许多有趣又有用的办法，全面倡导节约，抵制浪费。

方大萍安钢铁公司广泛开展"光盘行动"，倡导节约粮食、文明用餐，向浪费行为"亮剑"，使厉行节约、反对浪费的理念深入人心。青年员工更是冲在一线，当监督餐饮浪费的志愿者，每天轮流执勤，在餐厅给同事们宣传厉行节约的观念，发现有浪费行为立即进行劝说、制止，对情形较为严重者进行拍照曝光，提醒员工珍惜每一餐饭、节约每一粒粮，争做爱粮节粮的倡导者、践行者、推动者。

深圳中国奥园集团总部大厦员工餐厅里，饭堂开展"光盘行动有奖打卡"活动，鼓励员工"光盘"并拍照上传后台，活动时间持续一个月，其间成功打卡10次者即挑战成功，可获得免费试吃餐厅新品机会1次、餐厅晚餐券1张、手工制作辣椒酱1瓶3项福利。餐厅为来就餐的职工发放"光盘挑战卡"，员工在餐厅用完餐后，将"光盘挑战卡"与"光盘"放在一起拍照，再将照片上传到公司的活动页面提交，一次光盘行动打卡便完成了。攒足10张这样的照片，就会得到公司发放的奖励。公司的员工对这种既新颖时髦又浪漫有趣的"光盘行动"很感兴趣，纷纷参与，餐厅里再也见不到剩饭剩菜的现象了。

而广州一家企业的员工，如果天天"光盘"，则天天都会获赠由公司监督员颁发的饮料奖励。活动持续了半个月，共有4000人次获得奖励，"饭堂的餐厨垃圾也比以前减少了3/5到4/5的量"。

有人奖，还有人罚。东北一家企业发现员工有浪费食物的行为，就要扣钱。在该公司的饭堂里，四处都贴着"珍惜粮食、远离浪费""不剩饭不剩菜"的标语。吃饭时会有专人在一旁监督，盘中剩饭超过规定量就会被值班人员记录工号和姓名，从绩效工资中扣除罚金，以最大限度减少浪费。

员工的智慧是无穷的。不仅在创新工作、岗位奋斗上能开动脑筋、想出金点子，为企业创造利润，而且在抵制浪费、倡导节约时，同样可以聪明无限，妙招不断。只要所有的员工一起努力，所有的公民一起努力，全国上下各族人民一起努力，把"光盘行动"坚持到底，"浪费可耻、节约光荣"的社会风气一定可以长久形成，"厉行节约、反对浪费"的理念一定会深入人心，并在中国全面形成节约型家庭、节约型企业和节约型社会，全面消除浪费。

5. 按需点餐，不论公餐私宴吃多少点多少

在餐饮浪费中，一个重要的源头就是点餐过多的浪费。中国人有丰盛待客的传统，只要有客人，总要以把客人待好为礼仪，让客人吃好、喝好是最基本的待客之道。于是不论公餐还是私宴，请客必进高档餐厅、多点菜、点好菜也就习以为常。宴席散时总是吃得少、剩得多，公务接待点好菜、高档菜，更是"豪横"得让人触目惊心，瞠目结舌。至于吃不吃得完、会不会浪费，则几乎从来没有考虑过。就算是在物质短缺的年代，手头拮据、招待不起，那也要强撑脸面、"打肿脸充胖子"，丢什么也不能丢了"面子"，倾尽所有，也一定要把客人招待好。于是，只要宴请，不管是公餐还是私宴，一点菜就是一大桌，几个人也非得十几、二十几个菜，心里还总觉得非如

此不能表达自己待客的诚意。

然而这么多的菜无论如何也是吃不完的。每一样蜻蜓点水吃了一点点，高档的食材、高明的厨师，再加上高超的烹调技术，精心烹制出来的高档菜肴，就这样被白白浪费，倒进了垃圾桶，实在让人心痛。很多点餐者其实也是十分不愿意这样浪费，但"面子"和"待客之礼"摆在那里，自己瞻前顾后还是不敢不遵守这样的"礼仪"，即便心中万分不愿意，也还是忍不住跟随风气，以多点菜来表诚意。听听下面几位员工的心里话就明白了。

"请别人吃饭，宁愿点多些剩下也不能点太少不够吃，因为觉得餐桌上都是吃得干干净净的盘子，不好看，怕客人觉得自己小气。"因为业务往来经常要请客户吃饭的黄小姐对此深有感触。

马先生对此也颇有感慨："根本不需要点那么多菜，吃不了扔掉太可惜了。吃不完，其实打包回去也不一定吃，多次加热后就不好吃了，最后还是扔了。"

刚工作不久的小李则有些无所适从："我有时候也明明知道点太多根本吃不完，但为了表现自己的热情，还是不得不点。特别是求人办事的时候，生怕自己招待不周愿望落空。因而虽然心里心疼不已，但还是不得不点。"

这些心里话可谓肺腑之言。其实没有人愿意浪费。但"面子"观念在那儿摆着，不要"面子"怎么行？"面子"观念太强，节俭观念太弱，才导致了这样的社会风气。如果抛弃这种以浪费显示热情、以排场维护面子的观念，改变铺张挥霍的风气，请客者和被请者都以节俭为荣、以浪费为耻，那么大酒大席必然会得到很好的遏制。

可喜的是，随着"光盘行动"的深入推进，这种大吃大喝、铺张浪费的现象得到了很好的改善。各地的餐馆、饭店、食堂内，餐桌及墙面上的醒目位置都张贴着"杜绝浪费""适量点餐""光盘行动"等宣传语，餐馆服务员也会及时提醒点餐者"按需点餐，不要浪费"，并及时告知菜品已经足够、无须再点的消息，还会及时劝导点餐者少点一些，不要造成浪费，营造了浓浓的"拒绝浪费"的氛围。合理点餐、适量点餐、按需点餐的多了，"豪横"点菜的现象少了；吃多少点多少的多了，剩菜剩饭的少了。不剩菜、不剩饭的良好习惯已经在潜移默化中被大家接受，并逐渐演变为行为自觉。这对于全社会营造节俭氛围，形成节俭风气是大有裨益的。

6. 杜绝"剩宴"，吃不完的打包

科学点餐、按需点餐、合理点餐，吃多少点多少，可以有效地减少剩菜剩饭，减少餐饮浪费。可有时明明点得不多，却还是吃不完怎么办呢？那就打包带走，回家再吃。

虽说不剩饭不剩菜更有利于节约，但打包带走却也不失为实在吃不完时一种辅助性的解救办法。毕竟点得"刚刚好"一点不多一点不少，并不容易，能打包则打包，至少能浪费得少点儿。特别是对于浪费严重的各类"盛宴"，更应当以"少点菜"为主，以"打包带走"为辅，坚决杜绝把"盛宴"变成"剩宴"，抵制餐饮浪费。

可喜的是，"打包"正在成为时尚。在一些大型酒席宴会上，越来越多的人倡导"打包"，"打包"也成了年轻人办婚宴、公司办年会的新"潮流"。

在很多地方，婚宴不同于一般的聚餐，讲究很多，几个碟子几个盘都有规矩，有吃的也要有看的。很多老人也认为，为孩子操办婚事、宁愿浪费也不能太寒酸，那样对不起来的客人，所以好多婚宴都是吃不完的。好

在现在也不再光顾面子不顾"剩宴",实在吃不完的时候,鼓动亲朋好友一起打包,带回家再吃,正在成为婚宴新时尚。

同事小林的婚礼就是一个很好的例子。北京人办婚礼的传统,必须是大操大办,既要隆重也要排场,各种礼数必须周到。婚宴也是七大碗八大盘、鸡鸭鱼肉什么都要有,还不能低于多少个菜。但小林和女友都认为,国家正在推行节约,反对浪费,作为年轻人,理应积极响应国家号召,踊跃参加节约行动,决定婚礼从简办理。但父母坚持婚宴一定不能省,即便婚礼再从简,亲朋好友聚在一起庆贺的婚宴,那也是万万不可少的。小林只好同意。

和父母一起订餐时,父母却要求每桌20道菜,小林当即反对,10个人20个菜,怎么可能吃得完?"现在都倡导'光盘行动',反对粮食浪费,20道菜肯定会浪费的。"小林的意见是,现在很多人生活水平提高了,除了吃饱也要吃好,少点几道菜,但可以提高菜的档次,多几道有品质的菜品,亲戚朋友会更喜欢,也能最大限度地减少浪费。父母听了,欣然同意。

果然,婚宴上可口的菜品极受欢迎,而刚刚好的分量也让大家既吃得饱,也吃得好,剩菜剩饭很少,几乎都是"光盘"。偶尔有一桌两桌的剩得多一点,小林也贴心地将几个好的菜为亲近的长辈亲朋打好包,让他们带回去吃。长辈们不仅没有把这当成失礼,还直夸小林和女友懂得节俭,会过日子。

除了婚宴,朋友相会家人聚餐,也大多养成了打包剩菜的习惯。连以往大家对打包有所忌讳的公司年会餐宴,也开始自觉打包。这在以前是不可能的,即便有的同事心里想打包带回家吃,也会因为不好意思或是怕丢面子而放弃。但现在大家都习惯了,一些肉菜、剩得较多的菜,或没有喝完的酒水,一般都会打包带走。"打包"成为新时尚,而"剩宴"正在成为过去式。

打包不丢人,浪费才可耻!广大员工也应牢记这句话,不论是家人聚会、朋友聚餐,还是参加宴会或独自吃饭,吃不完时都记得一定打包带走,热一热再吃,减少粮食浪费,节约每一粒米。

7. 职工食堂吃饭，"小碗""半份"更利于"光盘"

为积极响应习近平总书记反对"舌尖上的浪费"的号召，配合"光盘行动"，全国各地的餐馆、酒店、自助餐厅以及全国各大高校、机关单位及企业食堂，纷纷推出各种各样的措施，更新就餐模式，改变经营策略，全面助力"光盘行动"，抵制餐饮浪费。"半份菜""小碗饭""花样拼盘""男女版盒饭"应运而生。

一家火锅店推出了"半份菜"服务。菜单上除了肉类是整份提供外，蔬菜、菌类、豆制品、丸类都有半份的标注，菜品拼盘也可以随意组合。来这里吃饭的顾客，几乎都会点上几个拼盘和小份菜品。"半份菜"服务既让消费者有更多菜品的选择，也避免了过度点餐造成的浪费。

"半份菜"更节俭

一家员工餐厅内，使用多年的传统不锈钢5格餐盘不见了，取而代之的是各种小碟小碗，每一份菜品都是巴掌大小，员工们可以根据个人饭量，随意选择小碗餐荤素搭配，不仅能吃饱吃好，还能餐餐见"光盘"。员工小丽说："以前菜品和菜量固定，吃不完只能倒掉了。现在换了自助小碗，菜量小、价钱低，喜欢吃什么就拿什么，对于饭量小的女生来说不会浪费，饭量大的人也可以多拿几个菜，真正可以做到顿顿无浪费。"

国内某知名大学的学生餐厅内，"小碗""半份"同样受人欢迎。所有饭菜窗口几乎都推出半份餐或者拼盘的服务，无论是菜品还是米饭等主食，都可以选择购买半份，即便饭量很小的女生也能保证"光盘"，大大减少了浪费的发生，反对浪费在校园内蔚然成风。

"半份菜""小碗饭"的普及，无疑对"光盘行动"、反对浪费大有裨益，而且也最受大家欢迎。据一项超过1.8万名网友参与投票的网络调查显示，有近8000名网友表示支持饭店普及半份菜，5000多名网友认为日常生活中应该把打包变成习惯，减少浪费。

积极投入"光盘行动"、坚决抵制浪费的员工，当然更欢迎"半份""小碗"这样更有利于"光盘"的措施，无论在职工餐厅吃饭还是在外面就餐，也应当多点"半份菜"，多用"小碗"，保证"光盘"，不让自己的碗里浪费一粒米、一片菜，做一个光荣而骄傲的"光盘侠"。

第二章 提高节约意识,从岗位开始做一名节约型员工

节约并非别人的事,而是大家的事,是每一个人的事。员工要从自己的岗位开始,提高节约意识,担起节约责任,为企业抠出每一分钱,成为企业最欢迎的节约型员工,企业才会越来越兴旺。

1. 提高节约意识，节约是每一个员工的必备素质

员工作为企业建设的主力军，社会经济建设的中坚力量，不仅要积极投入"厉行节约、反对浪费"的大潮中去，还应当全面提升自己的节约意识，从自己的工作岗位开始，厉行节约，力推节俭，做一名节约型员工。这不仅是当前"厉行节约、反对浪费"社会热潮的要求，更是企业对员工的基本素质要求。企业欢迎、老板青睐的，是那些处处为企业着想、千方百计为企业省钱的员工。

媛媛上大学时就是有名的"抠抠"，毕业后在北京一家文化公司工作，她把这种抠门精神也带到了公司里。她经常关掉办公室里不用时开着的电灯；经常使用已经用过一面的旧纸张，还经常提醒身边的同事也要这样做；总是自备水杯和筷子，从来不用公司的一次性纸杯和筷子；她也从来不剩一粒米一片菜叶，而且从来不吃用泡沫塑料饭盒装的盒饭。

很多同事都认为她太抠了，也有点儿受不了她。后来，有人忍不住把她的这些"毛病"告诉了公司老总。同事们满心期待老总会使用什么办法来治治媛媛的"毛病"，可没想到老总把媛媛找去谈了一次话后，就什么也不提了。最出乎大家意料的是，在两周后的公司例会上，媛媛的那些原本被同事们看成"毛病"的行为，竟然被老总写入了公司制度，要求每位员工按这个抠门制度执行。同事们有些懵了。

他们开始理解媛媛是在新制度施行一个月后，因为他们发现当月的办公费用竟然比上月少了很多。

节约是一个企业员工的基本素质，也是优秀素质之一。一个懂节俭、会省钱的员工无疑是受企业欢迎的员工，也是能为企业创造价值的员工。因为员工每节约一分钱，就等于为企业挖掘了两份利润——一份是赚出来的，另一份是省出来的。这样的员工，当然是企业最希望拥有的员工。

节约也是每个员工赢得自身发展不可缺少的基本素质，它可以促人自立，助人成熟。如果不懂得节约，挥霍无度，最终会让人变成一个好吃懒做、只懂享受的废人。节约的素质不仅仅是节约成本、经费和物资，更重要的是能加强我们的品德修养。节约可以戒骄，可以戒怠，更可以戒贪戒欲，让自己变得更加自律、自制、自警和自省，成为一个更优秀的人。

培育节约意识，就是要提升自己的节约素质，时时以勤俭节约的标准要求自己。在日常生活、学习、工作、劳动各个环节中，都养成勤俭节约的好习惯。办公用品以节约为准，一张纸正面用了用反面，这不是小气，而是高素质的体现；一件衣服穿三年五年不寒碜，用中低档生活用品不丢人，人走关灯、吃饭不剩，更是一个人高素质的体现。

"一粥一饭，当思来之不易；半丝半缕，恒念物力维艰"，有节约意识的员工，不分企业的还是个人的，重大的还是细微的，都会以节俭为念，不浪费一滴水、一张纸、一度电，这正是一个员工素质的体现。

2. 做好自己的工作，就是为企业节约

对员工来说，做好自己的工作，就是为企业节约的最好方式。把日常的、事务性的工作做好，站好自己的一班岗，不让企业因为自己的工作失误而遭受损失，这是员工最实际、最可行的节俭之道。

被誉为新时期产业工人杰出代表的劳模许振超，就是一个爱岗敬业、

在自己的岗位上踏踏实实努力、把自己的工作扎扎实实做好、做实、做出成绩，从而为企业创效增收、节省开支的典范。

许振超进入青岛港工作30多年，干一行、爱一行、精一行，敬业爱岗，把学习作为干好工作的第一需要，自学了高压变配电、电力拖动、计算机、数字控制技术、网络通信等多学科的专业知识。港口的桥吊已经5次升级换代，每一代机型，他不仅会开会修，而且深入"心脏"苦苦钻研，绘制标注了两本厚厚的技术图纸，能够熟练判断和排除桥吊机械故障，并获得了一系列大型机械维修、装卸工艺流程领域的成功经验，完成技术革新百余项，为企业节约各项费用近千万元。

有一年队里的轮胎吊发动机要大修，按惯例要花大价钱请专业厂家来修理。但许振超为了替公司节约时间和资金，就自己动手维修。面对复杂的维修工艺，他辛苦钻研，终于攻克了难关，先后对公司全部轮胎吊发动机成功进行了大修，不仅大大缩短了维修时间，保证了现场作业正常运转，还为公司节省了维修开支140多万元。之后他先后70多次主持维修各类桥吊设备，为公司节约费用800多万元。

也许有的员工会说，全国有几个许振超呢？我的工作平凡又普通，即便做得再好，也不可能为企业节约什么。

这样的想法可就错了。员工是企业的基石，每一个员工在自己的岗位上默默努力，才成就了企业的可喜成绩。

试着想一想，即便是企业中最普通的仓库管理员，如果没有坚守自己的岗位，导致工作出现了失误，哪怕多出库了或者少出库了一件产品，都会给企业带来浪费。多出库会使产品丢失、损坏或者错发，势必会带来产品丢失的损失、损坏维修的损失或者错发及回收费用的损失，这些都是超出预算成本之外的费用，这些损失都是凭空多出来的浪费；如果少出库了产品，就会导致货物不齐、需要补发甚至损失信用的后果，带来补发费用浪费、信用修补浪费等。

可如果仓库管理员认真负责，把工作做得很好，没有任何失误，那么这些损失都不会存在，也就不会给企业带来任何浪费，那不就是在为企业节约吗？

其他岗位也是一样。因为员工尽职尽责地做好了分内的工作，工作没有漏洞，没有失误，没有质量问题，不需要返工，用不着返修，没有后顾之忧，这就是很好的节俭方式；如果员工因工作失误导致产品缺陷，需要退货、返修或者取消订单，甚至因产品质量导致安全事故，那会带来多大的损失？不仅会让问题产品成为废品，还要赔偿、善后、修复企业形象和声誉，这些损失的费用不是白白浪费了吗？可见尽职尽责、把岗位工作做好，就是一个员工很好的节俭方式。

对于企业来说，要节约成本、减少开支，好的办法就是每一个员工都坚守岗位，以百分之百的标准，圆满完成自己的岗位工作，担起自己的责任，认认真真把工作做好、做对、做扎实，做到"零失误""零缺陷"，杜绝因工作失误带来的任何浪费，就是最好的节约。

3. 善始善终，半途而废就会导致浪费

企业的很多损失和浪费，是由于员工平时工作中的半途而废行为造成的。工作没能完成，前面投入的时间、精力、原料及其他所有的资源，都等于白白浪费了。

一位企业老总曾经感叹：员工的半途而废，是造成企业浪费的源头之一。有一家专业管理咨询公司曾对158家浪费严重的企业作了调查，结果发现这些企业50%的浪费，都是因为企业员工做事有始无终、虎头蛇尾导

致的。比如，上司布置下来的工作，一开始能热情满怀地去干，但干着干着就失去热情了，就懒散无聊起来，工作就开始拖沓，开始马虎，开始敷衍塞责，导致计划不能及时有效地完成，"半拉子工程""烂尾楼工程"让公司的损失触目惊心。

某软件公司的一个工程师研究了许多银行软件后，提出了一种效率更高、保密性更强的改进思路。公司认为非常可行，十分重视，专门立项，拨出预算，并购买了相关的研发设备，配齐了人员，成立项目组，专门研发这款软件。

刚开始，项目进展顺利，大家干劲十足，做得热火朝天。但随着研发的深入，许多一开始不曾预见的问题陆续出现，而且并不是短时间内可以攻克的，大家的信心开始减弱，热情也逐渐消退，越来越没有成绩，人员也越来越消极。这让领头的工程师心里很不是滋味。有几次向公司提出要终止这个项目，但公司高层却认为项目还是有前景的，而且已经投入了大量的时间、资源和精力，现在终止会造成浪费，便鼓励他继续坚持下去，假以时日，难关攻破，还是很有前景的。

但工程师的心气已经泄掉了，再也没有当初设想时的激情和勇气，坚持了一段时间还是没有结果后，他辞职了，一走了之。而这个项目因为他这个发起人、领头者的离开，不得不搁置下来。公司前期投入的巨额资金和人力、物力也就全部白白浪费了，前期取得的技术成果也因为项目终止而沦为废品。

作为企业员工，不仅仅是听从命令服从指挥，更重要的是要积极主动地使计划和目标彻底地实施和完成，笃行不殆善始善终，才是减少浪费、节约资源的良好方式。如果不负责任，半途而废，浪费和损失自然不可避免。

王先生是一家公司的老总，他对员工不负责任导致项目半途而废的事情深有感触："有的员工在工作时，心中只想着怎么做自己才不会吃亏，只要有利于自己的事就去做，但凡有一点儿风险就'独善其身'，撂挑子，甩担子,害怕担负责任。这样的态度,直接导致一些项目半途而废,让企业资源浪费、利益受损,而他们原来所付出的全部精力和财力,也在项目终止后白白浪费了。这是非常可惜的,也非常令人痛心。所以员工一定要有责任心,工作一定要善始善终,才能减少浪费。"

造成工作半途而废的原因很多。有的员工在工作中没有计划,没有步骤,做事只做眼前,不顾后面,随着时间的推移,事情越做越没有头绪,一团乱麻,根本无法再继续做下去,只好剩下这"半拉子工程";有的员工工作缺乏主动,让做什么事就做什么事,没有自己的思考和认识,以应付交差的态度去干,遇到一点问题就畏惧不前,导致工作无法推进,不得不停下或干脆停止,导致半途而废;还有的员工是能力有限,应做的工作不会做,说一声不会做就不愿再做了,不会也不学习不钻研,导致工作做一半就搁下了;还有的员工做事没有责任心,不能坚守岗位,甚至擅离职守,引发重大安全生产事故,后果和损失更是让人不敢想象……

也有一部分半途而废是因为员工太过心急,没搞清楚就匆忙行动,导致准备不周、安排不当。快速行动确实是制胜的关键因素,但要在目标明确,方向正确的基础上来快速行动。有些员工遇到事情,还没搞清状况,就一头扎进去,时间没少花,精力没少费,但劲儿没用在正地方,导致很多事情推进时出现巨大失误或重大困难,不得不停下返工或终止项目,带来巨大浪费。

还有部分员工是因为做事拖拖拉拉导致项目时间太长,已经错过最佳时期而不得不停下。比如有些员工工作时前怕狼后怕虎,以认真思考为由,迟迟不肯行动,行动后也瞻前顾后、左怕右惧,导致效率极低,影响项目的整体进度,耽误了最佳时机,不得不停下来,同样导致浪费。

要消除半途而废导致的浪费,员工一定要记住,你的岗位就是你的责任,在其岗就要负其责,认认真真、善始善终地把工作做好、做完、做彻底,才能砍掉浪费,节约资源、材料、人工以及返修等各方面的费用,为企业赢利。岗位就是责任,

自己的岗位工作自己有责任有始有终地把它做好、做彻底、做到百分之百。

4. 对岗位负责，减少岗位损失

工作在于负责。几乎所有的企业在招聘员工时，都会写上"工作责任心强"这一条，把有没有责任心，当作招聘员工的一个重要标准。因为只有责任心强的员工，才能真正担起岗位责任，把岗位工作做好、做实、做到位，才能减少岗位失误杜绝岗位损失，消除岗位浪费，为企业创造效益，成为支撑企业的栋梁。没有责任心的员工不仅干不好工作还会给企业带来巨大的损失。

有一家经营日化用品的企业，因为库房所处的地势较低，该企业每年雨季都要经历一两次的抗洪抢险。有一年夏天，总经理要去深圳出差，出差前叮嘱几位主要负责人："一定要时刻注意天气变化、警惕洪水损害库房。"

这天晚上，远在深圳的总经理看到天气预报说有雨，非常担心库房被淹，便给几位负责人打电话。实际上，库房所在地当时已经开始下雨，也许因为天气的原因，总经理接连打了几个电话，都没有打通，最后只好打到财务经理的家中，让他马上去厂房查看一下。

财务经理在电话中说："嗯，我马上处理，请放心！"但接完电话的他并未去查看，心说："这事该安全部管，不该我这个财务经理去处理，再说了我家离库房路那么远，去一趟也费事。"于是，他给安全部经理打了一个电话，提醒他到库房去看看。

接到电话的安全部经理有些不悦："我安全部的事情，何时轮到你来管。"他同样未到库房查看,当时正在打麻将的他连电话都没打一个,心想:"反正有安全科科长在,我不用管这件事了。"

虽说安全科科长未接到电话,但他也清楚已经下雨了,并且知道下雨意味着什么,可他认为厂里有好几个保安,不用他操心。安全科科长当时正在与朋友一起喝酒,还关闭了手机。

那几个保安确实是在厂里,然而,用于防洪抽水的几台抽水机没有柴油了,他们给安全科科长打电话,安全科科长的电话关机,他们也就没有再打,也未采取别的办法,而是早早休息去了。值班的那一位保安住在值班室里,睡得最沉,他以为雨不会下得太大。

然而,雨在夜里两点左右时突然大起来,雷声将值班保安吵醒的时候,水已到床边!他马上打电话给消防队。

尽管消防队来得很快,可是因为通知时间太晚,雨水已经淹没了7个库房中的4个,数十吨成品、半成品与原辅材料在水中浸泡着,造成的直接经济损失高达400多万元!

漠视责任,忽视责任,玩忽职守,会带来多大的损失?这远远不是节约一张纸、一滴水、一度电所能补回来的,这样的损失比浪费大了不知多少倍,比挥霍也不知多了多少倍,这样的损失,估计是任何一个员工也无法赔偿的。

不负责任就会带来损失,就会产生浪费。试想一下,如果一个护士不负责任,给糖尿病人输了葡萄糖液,那将会造成怎样的后果?如果一个钢厂工人不负责任将不合格的钢材发出了仓库,正好被一家建筑公司买走建起了一所学校,谁能清楚将会造成怎样的灾难?如果一个财务人员在工作中写错了一个数字,又将为公司造成怎样的损失?所以,责任至关重要,责任至高无上!每一个员工都要牢记:不负责任,只会为企业带来损失;信守责任,才能为企业创造利润!

有一名在服装厂工作的业务员,为厂里订购了一批羊皮,在合同中写着:"每张大于4平方尺、有疤痕的不要。"但需要注意的是,其中的顿号本来应该是句号。结果给了供货商空子钻，供货商发来的羊皮都小于4平方尺，让服装厂哑巴吃黄连，有苦说不出，进了一大批货却毫无加工价值，只能白白扔在仓库里，经济损失十分惨重。

一个零件也不能浪费

要是这名员工稍微检查一下，改掉不正确的标点符号，这样的损失，不就可以避免了吗？有句格言说："轻率与疏忽造成的祸患不相上下。"不负责任，就会导致疏忽，导致轻率，导致失误，导致一切可能带来损失的情况。只有负起责任，才能杜绝疏忽、防止轻率、减少失误，减少岗位损失，也减少不必要的浪费。

对自己的工作负责，对自己的岗位负责，这是一种基本的工作态度，也是一个员工的基本素质。对岗位负责，才能减少损失，才是为企业节俭，为企业增利。

 5. 认真工作，杜绝岗位失误

工作中还有很多浪费，是因为员工工作不认真、粗心大意、马马虎虎导致工作失误而产生的。要减少浪费，就要求员工要认真工作，尽可能减少甚至杜绝岗位失误发生。因为岗位工作出现任何问题，都极有可能会造成多种浪费，使企业受到损失。

浙江舟山的冻虾仁以个大味鲜闻名海内外，欧洲是它多年来的传统市场。然而，有一次舟山一家冻虾仁公司的冻虾突然被欧洲一些公司退了货，导致这家公司不仅损失了这一批货物的全部货款,还影响到了后续的订单,以至于一个盈利可观的公司忽然间断了销路,陷入了困境。退货原因是货物到了欧洲后,当地的质检部门从1000多吨冻虾仁中查出了0.2克的氯霉素,虽然氯霉素的含量只占总量的五十亿分之一,但还是遭到了客户的退货和索赔。而这一事件是因为一名员工剥虾仁时冻了手,用氯霉素消毒止痒后,没有认真把手清理干净就继续工作造成的。

虽然这一点点微不足道的氯霉素对产品质量的影响微乎其微,根本不会构成任何食品安全问题,但是带来的后果,却如此严重,几乎让一家兴旺蓬勃的公司破产!

可见,工作必须认认真真,容不得半丝半毫的马虎。任何小失误、小毛病、小缺陷,就会带来大问题、大损失、大浪费。只有每一个员工都尽职尽责,尽心尽力,认认真真,把自己的工作做好,全面杜绝失误,保证工作零缺陷,才能节约资源,消除浪费,保证企业顺利向前发展。

工作零缺陷,企业才会零损失。只要有缺陷就会增加成本,而且越到后面,成本越高,浪费必然就越大。比如,一辆跑车在生产过程中出现一个缺陷,如果缺陷在生产组装现场即得到纠正成本是1元,在生产线末端被纠正成本是10元,到工厂最后的汽车调整区时才被纠正成本是100元,到享有担保的代销商那里纠正成本就变成了1000元。如果不能被纠正,那这个产品即便上市销售了也等于是废品,必然会被召回,这就意味着前面所有投入进去的原材料、生产加工费用、返修费用,全部是无用功,全部是浪费。这样的浪费和损失无疑是巨大的,是企业难以承受的。因而世界上优秀的公司都要求自己的员工在工作中追求"零缺陷""零失误",以保证岗位零损失、零浪费。

但有些员工认为,任何工作都会有瑕疵,工作不可能做到百分之百,这其实是在为自己有缺陷的工作找借口。所有的工作,只要用心,只要认真去做,零缺陷、零失误不是什么难以企及的神话。

在"二战"时曾流传过一个这样的故事:盟军委托一家军工厂生产降

落伞，其要求就是每副降落伞都必须保证100%合格。由于跳伞的都是活生生的盟军士兵，盟军首领有责任和义务保障自己士兵的生命安全。然而生产厂家却认为100%合格的产品几乎没有，最多只有99%。后来，盟军首领想出了一个好方法，就是把生产出来的降落伞随机抽出几个，然后让生产厂家负责人背着它跳下去。没想到，这样的抽检方法竟然真的创造了奇迹，降落伞的合格率史无前例地实现了100%的目标！

只要真的把工作看得和生命一样重要，"零缺陷"就不是不可能，而是肯定行！只要持有把工作做到"零缺陷"的心态，就能做到100%的合格，而不是99%，就会彻底杜绝那1%的疏忽。而很多时候，恰恰是这1%的大意和马虎，会浪费我们100%的精力，增加100%的成本，让企业利润为之下降。一个以节约为己任、以节约为光荣的员工，可不会这样去干。

优秀的员工，一定会在工作中认认真真、扎实负责，杜绝工作中的一切失误，保证工作"零缺陷"，让企业的资源得到最大限度的利用，这就是提高效率，就是节俭。

6. 工作花费不怕"抠"，怕的是"不抠"

生活中，大都认为"抠门"是与小气、吝啬、铁公鸡画上等号的词语，但是工作中，能为企业抠门的员工，处处为企业着想的员工，才是老板青睐、企业欢迎的员工。企业不怕员工为企业抠门，怕的是不为企业抠门，大手大脚，浪费挥霍。

一家金融公司效益很好，但公司却要求全体员工在使用所有的办公用纸时必须要用完两面才能扔掉。刚开始一些员工颇有异议，认为这样做太"抠"了，会让公司落个小气吝啬的坏名声。但是公司老板说："我要让每一个员工都知道这样做可以减少公司的支出，尽管一张纸没有多少钱，却可以让每个员工养成节约成本的习惯，这样就能增加公司的利润。因此，这样抠门是十分重要的。我希望我公司所有的员工在工作中都能这样'抠'，更希望所有的员工都明白，凡是大手大脚、不懂得'抠'的公司才会名声不好！节俭的企业永远都有好口碑。"

为企业节约，就要不怕"抠"，抠一点就是赚一点，为什么不多抠一点？在这样的企业，每一个员工都为自己的节俭行为感到光荣，为自己的浪费行为感到耻辱，由这样的员工构成的企业当然能成为世界上的优秀企业。比如以节俭出名的思科公司。

有一家世界500强公司，从诞生之日起就在不断提倡节俭理念，并将这种理念塑造成企业文化。它的节约到了近乎"抠门"的程度。公司董事长所说的"花企业的钱，要像花自己的钱"这句名言，正体现了这种理念。

已经59岁的董事长每次出差只乘坐经济舱，并购买打折的机票。他有一个习惯，喜欢在乘机时问邻座乘客的机票价格，如果发现比他购买的机票便宜，帮他购票的秘书肯定会因此受到质询。他和手下所有的人出差都只能住便宜的招待所。

他和一位朋友同车前往希尔顿饭店开会，由于去迟了，以致找不到车位。他的朋友建议把车停在饭店的贵客车位，董事长不同意。他的朋友说"我来付"，他还是不同意。原因很简单，贵客车位要多付12美元停车费，董事长认为那是"超值收费"。他的节俭是渗透在骨子里的。他们公司从来没有专门用来复印的纸，用的都是废报告的背面。

公司从董事长到最基层的员工，都是"抠门"的人，但他们都是在为企业抠门，为企业节俭，为企业省下每一分钱。一直以来，这家企业都很重视培养员工节俭，告诉他们为企业节约就是在为自己节约，通过提高员工的节俭意识，来培养他们的节俭精神。企业创下的惊人利润是每一个员工"抠"出来的，员工为此感到骄傲，感到自豪，感到光荣。因为越懂得在工作中"抠"的员工，越能为企业创造利润。

为公司节约，就不能怕抠，员工越抠，企业越发展长久，员工越大手大脚，企业越容易被掏空，越快倒闭。企业永远最欢迎抠门的员工。抠门的员工，刚开始可能还不太被同事们理解，但久而久之，他们不仅是同事们的典范，还会引领企业节俭文化，让企业和员工都受用不尽，这样的员工，难道还是小气的员工吗？这恰恰是大气，是为企业抠、为企业省、培养企业节俭文化的一种大气。

为企业节约，不要怕抠，员工一定要有这样的意识，才能在工作中处处以节俭为先，时时把抠门记在心里，一心一意为企业多创效益。

7. 把岗位节约当成自己的责任

无论企业是大是小，节约都是增加利润的重要途径。每一位员工都应当有节约意识，因为节俭既是节约资源，降低成本的需要，也是一个好员工应该具备的基本素质和能力，更是企业之所以壮大的秘密。

效益是企业永恒的主题，关乎效益的最直接因素就是成本，而降低成本就要精打细算，勤俭节约。优秀的员工，都是抠门型员工、节约型员工，他们从来不会认为节约是别人的事，而是理所当然地把岗位节约当成自己的责任，时刻为企业着想，为企业省钱，为企业节约。

有一个年轻人在国内某汽车制造公司工作，他是焊接工，所做的工作就是焊接车底盘的部件。整个车间是流水作业，车底盘由传送带自动输送，在他这道工序要停留5分钟,他必须在5分钟内用6根焊条焊接完全部部件。这家公司一直为自己的自动生产线而感到自豪,以为省工省料。而年轻人却认为在他这道工序上还可以再改进,可以再节省一些。他每天观察自动生产线的传送,计算焊条的用量,并思考改进的办法。

经过长期的观察和计算,他突然想到:假如能将焊接点击次数减少,是不是能节省点成本呢?他经过认真钻研,终于找到一种比原来少点击7次的焊接方式。每个底盘少点击7次,看上去微不足道,但一天下来仅他一个岗位就可以节约3根焊条,整个车间一天便可以节约300根焊条。

他的改造十分完美,公司给了他很高的评价,也给予了他相应的奖励。不久后,他得到了公司董事会的关注,很快在公司里得到了晋升。

对于企业能否节约成本以及能够将成本降低到何种程度,员工有着很大的决定权。如果没有一种视节约为己任的态度,那么企业的节俭肯定会大打折扣的。

很多企业不缺少能干的职员,缺少的是那种有节约意识、懂得为公司节约每一分钱,与公司共命运、视公司节约为己任的人。

为企业节约,既是企业发展的需要,也是员工自我发展的需要。有的员工认为自己只是一个打工者,与公司只是一种雇用与被雇用的关系,甚至有意无意地将自己置于同老板或公司对立的地位,总是认为公司的一切与自己无关,节约下来的一切也只是给公司节约,对自己没有一点好处。这实在是一种错误的认识。企业和员工是紧密相连的利益共同体。大河有水小河满,企业兴旺了,员工当然也就有好的待遇和福利;大河无水小河干,企业被挥霍浪费得倒闭了,员工也会一无所有,甚至连安身之所都会失去。所以,聪明的员工一定明白为企业节约,实际上也是为自己谋利。最起码企业不会倒闭,员工也不会轻易失业。

8. 节约型的员工到哪里都受欢迎

多节约一分钱,要比多赚一分钱容易得多,这是所有的企业和员工都明白的道理。能为企业省钱、为老板节俭、勤恳工作、忠诚敬业的员工,不管到哪里都是受欢迎的员工,不管在哪里他们都会有所作为,有所建树。因为他们会把企业当成自己的家,尽最大努力完成自己的每一项工作,小心使用设备和服务设施,高效率地利用好自己的时间,最大限度地为企业节约。不论是开动一台机器,还是进行一次服务,或者是在办公室打印一封信件,都会自觉主动地为企业节约。这样的员工当然是企业最欢迎的员工。

有三个人去一家公司应聘采购主管。他们当中第一名是某知名管理学院毕业的,第二名毕业于某商学院,而第三名则是一家民办高校的毕业生。在很多人看来,这场应聘的结果是很容易判断的,然而事情却恰巧相反——应聘者经过一番测试后,留下的却是那个民办高校的毕业生。

在整个应聘过程中,他们在专业知识与工作经验上各有千秋,难分伯仲,于是招聘公司总经理亲自面试,却出了一道再简单不过的计算题:公司派你到某工厂采购4999个单价8分的信封,你需要从公司带去多少钱?

几分钟后,应试者都交出了不同的答案。总经理问他们的计算方法。

第一名应聘者的答案是430元,理由是:"就当采购5000个信封计算,可能要400元,其他杂费就30元吧!"

第二名应聘者的答案是450元。应聘者解释:"假设5000个信封,需要400元,再加上其他各项花费,大概不会超过50元,一共有450元就足够了。"

当总经理拿起第三个人的答卷，见上面写着418.42元时，不觉有些惊异，立即问道："你能解释一下你的答案吗？"

第三名应聘者回答："信封每个8分钱，4999个是399.92元。从公司到采购地，乘汽车来回票价10元。午餐费5元。从采购地到汽车站有一里半路，请一辆三轮车搬信封，需用3.5元。因此，最后总费用为418.42元。"

总经理不觉露出了会心的一笑，最终录用了这位民办学校的学生。

有节约意识的员工，无论做什么事情，都会从企业的角度去思考问题，处处为企业的利益着想，因为"省下来的就是赚到的""省一分等于赚一分"。这是得到企业的信赖和重用、纵横职场的本钱。因为任何一位老板，都喜欢为企业省钱的人。

有些员工对自己分内的工作尽职尽责，但对一些细小的工作却不屑去做，他认为微不足道、无关紧要，而且做这样的工作掉自己的身价。这也是一种错误的想法。对于企业来说，每一项工作都很重要，哪怕是微不足道的一件小事出现了纰漏，都可能给企业带来巨大的损失。善于补位，善于看到问题主动去解决，本身就是一种节俭的行为。

秀美是一家企业的普通文员，平时的工作只是收发、整理文件。当企业出现一些没人做的事情时，很多同事都因为不想多做而推来推去，秀美却一声不响地赶快去干并且漂漂亮亮地完成工作。时间一长，"秀美，你联系一下那个客户！""秀美，你打一下这份文件！"这样的工作就越来越多。

但秀美从没觉得自己是个被人用来用去的"打杂工"。虽然小事特别多，但是得到学习和锻炼的机会也多。比如，她去接待客户，联系合作的广告公司，拟订合作方案，参与广告文案的策划和撰写等，这些工作都给了她很多充电和学习的机会。

而且秀美还有一个特别好的习惯——像打印过的废纸、扔下的圆珠笔、废弃的墨盒，甚至同事们扔下的矿泉水瓶，她都会留着，等积多了时再一起卖给收废品的小贩,然后买回新的圆珠笔、便笺纸、订书针一类的小文具来用。就为这,有的同事还给她取了"垃圾婆""勤俭模范"的绰号。

暗中观察的老板,将秀美的表现都看在了眼里。很快,人们发现秀美更忙了,但是忙的却是很多更重要的工作,比如会见企业一些重要客户或是出席许多谈判场合。终于有一天,企业要准备上市了,需要拟一份招股说明书,集团董事会希望秀美能做好准备,协助管理层完成企业历史上质的飞跃。

果然,秀美不负众望,非常圆满地完成了董事会交办下来的工作任务,顺利成为这家上市公司的董事长秘书。不久后,她又被提升为企业高层管理人员,并成为资本运营方面能够独当一面的大将,她的节俭习惯也备受公司推崇,成为所有员工效仿的榜样。当然,秀美的职业之路也越走越宽。

会为公司省钱的员工,大都有一个显著的特点,那就是他们在办事时总是认真思考,怎样才能花最少的钱把事情办成,把工作做好。他们非常在乎正在做的事情的结果和效果,总是能少花一分钱就少花一分钱,一丁点儿的浪费都会让他们感到自责。他们是集忠诚、敬业、负责于一身的好员工,他们对企业无限忠诚,对工作认真负责,对财物珍惜爱护,处处为企业着想,时时为企业节俭,哪一个老板不喜欢这样的员工呢?这样的员工当然可以青云直上,当然会被委以重任。

所以,为了自己的职业之树常青,每一位员工都应该在工作和生活中提高节俭意识,养成为公司节省每一分钱的好习惯。"节约一滴水""节约一度电""节约一滴油""节约一支笔""节约一张纸""节约一分钟话费""节约一个零件",时时刻刻把节俭记在心上,握在手上,表现在成果上。如果真的做到了这些,你就是企业想要的员工,你想走企业都舍不得,又如何会炒你呢?

第四章 降低工作成本，降成本就是增利润

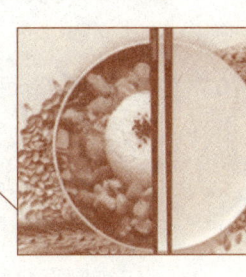

对企业来说，成本越高利润越少，企业要兴旺发达，就要在降成本上下功夫。每一个员工都要有成本意识，把成本意识牢记于心，想尽千方百计，使出万般手段，控制成本，减少成本，努力让企业利润增加，效益增长。

1. 成本高利润少，降成本就是增利润

大家都知道"短板定律"：一只边沿不齐的木桶的容量大小，不取决于最长的那块木板，而取决于最短的那块木板。

企业的发展也逃不过这个定律。就算企业发展得再好，如果浪费或是不懂节俭成为这家企业的"短板"，就会导致成本增加、利润减少，企业会被高成本一点点拖垮，最终倒地不起。所以有人说，高成本就是魔鬼，如果不能引导员工主动自觉地与魔鬼战斗，它就会与员工结盟，在企业的视线之外、控制之外的任何时间、任何地点，悄无声息地掠走利润，增加成本，让企业不胜负荷，并最终被它压垮。

关于成本和利润的关系，我们都知道利润＝收入－成本这个最简单的公式。成本高利润低，成本低利润高，这是谁都明白的道理。利润被成本压制，降低了成本，利润才会显现出来，利润其实就隐藏在成本之中。如果反过来，也可以说，如果任由成本滋长，利润肯定会被这个可怕的魔鬼吸光！

有一家服装品牌企业，因生产原材料上涨使企业原材料成本价比上一年上升20%，一年多花1100万元；因劳动力成本上升30%，一年多支出1000多万元，仅上述两项一年共计多支出2000多万元，尽管企业销量增加了30%，品牌附加值提高了10%，但全年利润较上一年仍然大幅度下降，因为大部分的利润都被成本这个魔鬼吸走了。

高成本真的是魔鬼。必须毫不留情地杀死，才能保证企业不会被它吞

噬，被它摧垮。如果明知魔鬼窥伺在侧，却还不知道节省成本的重要，依然大手大脚，恣意花钱，那企业除了垮掉不可能有更好的结果了。

有一家电器公司，成立仅一年就成为行业的佼佼者。第二年即以天价成为中央电视台广告"标王"。并用全部利润请著名影星拍了广告片，这一年公司销售额从前一年的2亿元一跃而骤增至16亿元，赫然出现在中国电子50强的排行榜上。年底，公司总裁赴荷兰一家全球500强公司总部考察，对方以"私人飞机加红地毯"的最高规格接待了这位来自中国的年轻人。据称，这家全球500强企业只对两类人给予这样的礼遇，一是国家元首，二是公司最重要的客户。当时海内外业界对这家公司的厚望可见一斑。

但是，因为广告效益带来的巨大回报让公司尝到了甜头，使公司的营销战略一直坚持"高投入、高回报"的思路，营销费用连年上涨，广告效益却一直呈下降趋势。公司高层对此却视而不见，依然不断追加营销投入，使成本居高不下，让企业不堪重负，利润几乎被成本吞噬殆尽，最终走到了破产清算的边缘。

这样的教训无疑是惨痛的。由于浪费和无计划投入导致的高成本其实比魔鬼更可怕，它在不知不觉中榨干了企业的利润，摧垮了企业。而成功的企业往往是那些及早发现了高成本魔鬼，并千方百计在成本上把住关，把每一分钱的成本浪费都当成"魔鬼"来对待，尽全力杀死这个魔鬼，赚到更多的利润，在微利时代生存并发展壮大的。

企业的根本目标就是追求利润。若降低了成本，就相当于提高了利润，就此而言，每降低一分成本，其实就相当于多赚了一分利润，甚至是成倍的利润。

我们可以算一笔简单的账，假如件产品的售价是100元，成本是90元，那么利润是10元；如果把成本降低10元，利润就变成20元了。成本降低10%，利润就增加100%。比如一家服装公司就凭这一招取得了可喜的成绩。

在严峻的经济形势下，预见到困难形势的公司高层决定成立"成本控制中心"，厉行节约，从三方面作了预算：质量成本、能源消耗成本、工资成本。公司决定从这些方面来死抠，降成本增利润。结果在4个月内就"抠"出利润2800多万元，利润同比增长近300%，成了一只会下金蛋的"铁公鸡"。

比如面料的裁损，以前把1%～2%的裁损认定为正常范围，但是现在把范围缩小到0.5%以下。仅此一项，公司一年就可以节省1200万元的损耗。

以往光顾着接订单，忙生产，没有考虑过也要对客户说"不"。现在有选择性地接订单，也能节约很多成本。比如一些交货期短的订单必须走空运。一年光是空运费公司就花费1000多万元。现在改变策略，放弃运费高于利润的订单，放弃边缘客户，挑选优质用户提高服务质量，这一做法一年能节约400万元。

能源消耗方面，公司开发利用太阳能、在园区建地下保温蓄水池、开发余热回收系统，总能耗同比下降32%，总计节约近800万元。

工资成本上，公司管理人员薪水从原来与效益挂钩转向与成本控制挂钩，完不成成本控制的相关负责人，得接受相应的薪水裁减。比如，有一个分公司的总经理，一季度累计成本超了4%，他的薪水就要扣除4个点。

就是靠这些节约措施，这家公司逆市而行，利润有了明显上升，创造了危机中的奇迹。

如今，市场越来越规范，企业竞争越来越激烈，"一夜暴富"的神话已难再有。而且，任何一个行业，只要利润空间稍大，就必然会导致大量资本迅速进入。企业要想在激烈的竞争中立于不败之地，就只能千方百计地降低成本。

作为企业的排头兵，每一名员工都应该在控制成本中有所作为。每名员工都应该问问自己："在我制作的产品中，我对降低它的成本做得如何？""以成本为中心"的观念应该是每一名员工的基本理念，也是每一位员工都可以为之尽力的事情。只要每一位员工都有节约意识，有降成本增效益的态度，成本当然是可以不断地压缩和节省的。

李明在工具室已经工作很长时间了。时间快到下午6时20分，李明虽然累了，但他仍然坚持把自己的工具清洁干净，做好养护，避免工具的损伤。

机械车间的工长王进，正在仔细审阅一名员工递过来的工具申请表，详细询问为什么要这样多，以前什么时候用过这些东西，他的认真和仔细使领取的工具都能物尽其用，不至于浪费。

打字间的年轻打字员，在她回家之前，关掉了打字间的灯、空调、饮水机及其他不必要的电源插头。

油漆车间的工人张刚，坚持下班之后再花5分钟检查所有原料是否都已盖好，并做好清洁卫生，避免任何浪费发生……

这些似乎都是小事，却会对企业的成本产生很大的影响。如果员工们都没有成本意识，对这些小事马虎而过，那会给企业增加多少成本？反之，如果每一位员工都做到节约了，那么又会省下多少成本，增加多少利润？成本和利润是紧密关联的，削减一分的成本，就可以增加成倍的利润。每一个员工都应当以节约为己任，时时刻刻、主动自觉地为企业降成本。

2. 把每一个工作环节都当成降低成本的发力点

企业生产经营的每个环节都会产生成本或费用，因此每个细节都可以成为节俭的发力点。从采购、生产、加工、设计、宣传、销售以及售后服务等各个方面，都有很多细节值得我们去关注，去寻找，去发现，去节俭。

巨大的利润就隐藏在这些毫不起眼的细节当中。为什么很多企业非常重视成本的降低，并在降低成本上下了很多功夫，效果并不显著呢？那就是因为没有把节俭做深、做细。

浙江有一家生产小礼品的厂家，一件产品平均利润只有2元钱，但这家工厂的效益特别好，其关键原因就在于这家工厂能够从每一个细节上将成本降下来。它们将成本逐项分析、逐项改善。将各项成本特别是可控成本，分门别类细化到最末端，然后在总量控制的基础上，将各成本项目考核指标层层分解，落实到人，对责任人进行考核。如将电话费细化到每部电话，将办公费细化到每位员工，制订各部门、处室各项费用，甚至每位员工的支出限额。他们推出三套成本考核方案：对生产车间考核每小时消耗指标和全年生产费用支出指标；对行政办公部门费用开支实行刚性约束，"限额支报、超支不补"；对市场部门费用开支采取"以收定支"方法，进行弹性预算管理，费用额度随销售收入浮动。这些措施使生产过程中的物耗和费用得到了有效控制，各部门自觉建立起了"购、存、领、耗"全过程成本管理制度，杜绝了人为浪费和营私现象。从一支笔、一张纸，到几十万元的生产项目，从主要生产部门到后勤管理，该厂的每一项成本都处于控制之中。正是因为对成本的严格把控才保证了微利的产品也取得了可观的利润。

许多人认为，降低成本就是降低财务费用，降低人工成本、生产成本，殊不知，降低成本是一项系统性的工作，只有各个部门参与、每位员工主动，从每一个细节上进行控制，才能够真正将成本降下来。

成本管理、成本控制是企业每个部门、每位员工共同的任务。一定要改变"成本管理是财务和会计部门的事情"的错误观念，只有每个部门参与、每位员工主动、所有环节参加控制，保证每一个环节都达到零缺陷，成本才能控制下来。海信公司就认为："利润流失于企业的各个环节中，大企业更是如此。"海信公司曾经发起过"全面恢复利润的活动"，就是各个部门、各个环节全面降低成本，向成本要利润。

比如家居企业要控制产品的成本，必须从产品的设计到产品的出售，每一个细节都要认真规划成本，包括是否多用了一颗螺丝钉，或者更经济地利用一块塑料板等。

大多数企业为了自己控制产品的成本，都会坚持自己设计所有产品并拥有专利。而且在设计之初就必须要计算出产品的成本以及预售的价格，从而有效地控制成本风险，使产品既在价格上具有竞争力又有相当的利润。因为设计是一个关键环节，它直接影响了产品的选材、工艺、储运等环节，对价格的影响很大。设计时就必须充分考虑产品从生产到销售的各个环节。定价之后再寻求实现这个"可怕"目标的方法，寻找尽可能低廉但质量可靠的原材料，尽可能简单的工艺，尽可能低的运输成本等。

为了在储运、生产等方面降低成本，产品的形状、大小以及包装都要综合考虑，还要考虑加工时产品与生产工具之间的高契合度，以便一次性加工更多的产品，以节约成本。包装上也是如此，如大件的家居目前通行的都是组装式、可折叠、可拆卸的设计，因为这样更利于标准式的平板包装，大大减少包装费用，节省产品在运输、仓储、商场展示占用的空间，进一步降低了成本。

在这个过程中员工的创造力是降低成本的强大源头。比如说装箱人员在装箱的过程中发现有一款沙发如果每张少5厘米，一个集装箱就可以多装一张沙发，这样不但节约了运输成本，还节约了仓储空间，而减少了5厘米的沙发，不会影响使用者的舒适度，也不会影响产品质量和价格，可省下的运输成本、仓储成本一年下来却是一笔可观的数目，而这些都会成为利润。

从每一个细节节省成本，把生产销售的每一个环节都作为降低成本的发力点，点点滴滴的节省，成就了许多大企业的兴旺和长远。企业的成本优势来自每一个细节上的节俭。这些细节恐怕永远数不完，也挖掘不完。企业永远不要认为成本已经足够低了，也许很多措施带来的成本降低并不显著，但绝对不可放弃它。因为正是这些成千上万的小细节的累积，才使企业的成本得到了有效降低。

员工身处生产一线，在各个环节都大有可为。每一个员工都开动脑筋、激发智慧，一心一意为企业降成本，那么企业生产的每一个环节都会成为降本增效的发力点，企业的生产成本必将大大降低。

3. 杜绝生产环节浪费，减少生产成本

生产环节是企业最主要的环节，当然也是成本耗费最大的环节，能在生产环节降低成本，就会直接增加利润，还能有效提高产品的竞争力，占领市场。所以，企业都非常重视生产成本的节省，每一个在生产一线的员工也要尽自己的力量多为企业节省每一分成本。

所谓生产成本，是指在生产制造过程中所发生的一切成本。生产制造成本通常是由人工成本、原料成本和制造成本三个部分组成的。彻底消除浪费是降低企业生产成本的有效方法。

生产环节的各种浪费掩盖了生产中可能存在的质量缺陷和低效率。管理上常把这种平时不被人注意的损耗和浪费称为"隐形工厂"。

每家企业、每个组织都有一个巨大的"隐形工厂"。统计结果表明：在制造业中，"隐形工厂"的消耗高达销售额的20%～25%。这是一组令人难以置信的数据。如果能消除隐形工厂，无疑能大大提高企业的利润率。在消除浪费控制生产成本方面，丰田公司是所有制造业企业的楷模。著名的"丰田精益生产方式"，总结了生产环节的八大浪费，并提出了可行的消除浪费的方法。

八大浪费是"精益生产方式（JIT）"指出的生产环节产生的各种浪费。其浪费的含义与社会上通常所说的浪费有所区别。对于精益生产方式来讲，

凡是超出增加产品价值所必需的绝对最少的物料、设备、人力、场地和时间的部分都是浪费。因此，精益生产方式把工厂的浪费归纳为八大种，分别是不良修理的浪费、过分加工的浪费、动作的浪费、搬运的浪费、库存的浪费、制造过多过早的浪费、等待的浪费和管理的浪费。

（1）不良修理的浪费

指的是由于工厂内出现不良品，需要进行处置的时间、人力、物力上的浪费，以及由此造成的相关损失。这类浪费具体包括：材料的损失、不良品变成废品的损失；设备、人员和工时的损失；额外的修复、鉴别、追加检查的损失；有时需要降价处理产品，或者由于耽误出货而导致工厂信誉下降的损失。

（2）过分加工的浪费

加工的浪费也叫过分加工的浪费，主要包含两层含义：第一是多余的加工和过分精确的加工，如实际加工精度过高造成资源浪费；第二是需要多余的作业时间和辅助设备，还要增加生产用电、气压、油等能源的浪费，另外还增加了管理的工时。

（3）动作的浪费

动作的浪费现象在很多企业的生产线中都存在，常见的动作浪费主要有以下12种：两手空闲、单手空闲、作业动作突然停止、作业动作过大、左右手交换、步行过多、转身的角度太大、移动中变换"状态"、不明技巧、伸背动作、弯腰动作以及重复动作和不必要的动作等，这些动作的浪费造成了时间和体力上的不必要消耗。

（4）搬运的浪费

从精益生产方式的角度来看，搬运是一种不产生附加价值的动作，而不产生价值的工作都属于浪费。搬运的浪费具体表现为放置、堆积、移动、整列等动作浪费，由此而带来物品移动所需空间的浪费、时间的浪费和人力工具的占用等不良后果。

国内有不少企业管理者认为搬运是必要的，不是浪费。因此，很多人对搬运浪费视而不见，更谈不上去消灭它。也有一些企业利用传送带或机器搬运的方式来减少人工搬运，这种做法是花大钱来减少工人体力的消耗，实际上并没有排除搬运本身的浪费,因为机器搬运同样需要成本。

(5)库存的浪费

按照过去的管理理念,人们认为库存虽然是不好的东西,却是必要的。精益生产方式的观点认为,库存是没有必要的,甚至认为库存是万恶之源。由于库存很多,将故障、不良品、缺勤、计划有误、调整时间过长、品质不一致、能力不平衡等问题全部掩盖住了。

例如,有些企业生产线出现故障,造成停机、停线,但由于有库存而不至于断货,这样就将故障造成停机、停线的问题掩盖住了,耽误了故障的排除。如果降低库存,就能将上述问题彻底暴露出来,进而能够逐步地解决这些库存浪费。

现在很多企业推行一种"零库存"的生产模式,其主要目标也就是尽可能地消除库存的浪费,从而降低成本,增加利润。

(6)制造过多过早的浪费

制造过多或过早,提前用掉了生产费用,不但没有好处,还隐藏了由于等待所带来的浪费,失去了持续改善的机会。有些企业由于生产能力比较强大,为了不浪费生产能力而不中断生产,增加了在制品,使得制品生产周期变长、堆放制品的空间变大,还增加了搬运、堆积的浪费。此外,制造过多或过早,会带来庞大的库存量,利息负担增加,不可避免地增加了贬值的风险。

(7)等待的浪费

由于生产原料供应中断、作业不平衡和生产计划安排不当等原因造成的无事可做的等待,被称为等待的浪费。生产线上不同品种之间的切换,如果准备工作不够充分,势必造成等待的浪费;每天的工作量变动幅度过大,有时很忙,有时又造成人员、设备闲置不用;上游的工序出现问题,导致下游工序无事可做。此外,生产线劳逸不均等现象的存在,也是造成等待浪费的重要原因。

(8)管理的浪费

管理浪费指的是问题发生以后,管理人员才采取相应的对策来进行补救而产生的额外浪费。管理浪费是由于事先管理不到位而造成的问题,科学的管理应当具有预见性，有合理的规划，并在事情的推进过程中加强管理、控制和反馈，这样就可以在很大程度上减少管理浪费现象的发生

精益生产方式针对这些浪费也提出了相应的杜绝浪费的方法和途径。

（1）做好自动化、愚巧化（防呆化）的生产方式，着重于工厂生产标准的建立，对生产的产品作出全数检查，以达到无停滞的流程作业。

（2）在加工的过程中，工程设计适量化，对作业内容要进行重新评估，对生产工具进行改善，减少不必要的加工浪费。

（3）改良生产现场布置，多数生产现场以"U"字型布置生产线，以达到首尾接应的效果，减少路线的浪费，改良工人动作的浪费，减少工人在生产过程中一切和工作无关的动作，并改良其动作，以达到在最省力的情况下完成工作，减少不必要的动作浪费。

（4）减少搬运的浪费，最重要的是减少搬运的次数，所以企业生产还是要符合后拉式看板生产，以达到在接到订单后就生产所需产品的数量，生产完后直接运送到客户手里，以减少库存的产生，减少搬运的次数。

（5）库存的浪费最主要是库存意识的改革，在生产方式中要尽量符合平准化生产方式，使生产整流化，而且看板生产也要彻底贯彻实施，以减少库存产生。

（6）工厂生产应该根据销售经验，合理安排生产计划，同时及时根据市场的变化，调整生产计划，以达到最小合理库存。

（7）在生产前一天要将所需的原材料贮备好，在接单后，立即查询所需原材料的上游厂家的生产情况，并对工厂的生产有统一的规划。

（8）消除管理的浪费，最主要是对工厂各部门进行协调管理，使各部门紧密结合在一起，注重于工厂各部门的合作，以达到对工厂资源的最合理的利用。

这些当然都是从企业的角度，从生产规划、设计、设备管理及优化方面来进行的，员工配合企业的精益生产方式，站好自己的一班岗，就能为企业消除这些浪费，节省成本。

除此而外，作为生产一线的员工，还应当竭尽所能减少生产环节的浪费，达到降低生产成本、为企业节约的目标。下面这几个方面是每一个员

工都可以做到的。

(1) 防止偷窃损失

企业的材料经常被偷窃，通常都是由于管理不严产生漏洞所致。要预防材料被偷窃，就必须制定严格的制度，指定直接负责人，加强数量的记录和管制，无论入库、发用还是转移，都必须有详细的数量记录，借以形成内部监控体制。

作为员工要有高度的自觉性，把企业的财物当自己的财物一样严加看管，并且要求自己不拿企业一丝一缕。有很多企业的原料偷窃其实都来自内部，有些员工总认为我在企业工作，拿回家一个半个零件根本不算是偷窃，而且也不会给企业带来什么损失，殊不知，如果所有的员工都这样想这样做，一次、两次没有什么大损失，可是天长日久，人人如此，那企业会有多大的损失？所以，员工一定要洁身自好，千万不要有"拿点小零碎不算什么"的意识。

(2) 避免损耗

材料会随着时间的推延，质量逐渐变劣、变次，数量变少，就会发生材料的损耗。损耗的原因有很多种，既有可能是自然因素，比如风化、挥发等，也有可能是人为管理不当所致，比如乱堆、乱放，有的不能混放的混放在一起，不能挤压的被挤压了，等等。作为企业员工，一定要严格遵守企业的生产规程，按规章操作，不乱放乱堆，不把各种材料混放在一起，避免各种损耗的发生。生产部门还需要从制度上加强材料控制或改进，以避免人为损耗。

(3) 防止毁坏

材料如果存储时间太久，就会由于摩擦、堆压而导致毁坏。库存材料一定要合理合度。存料适量，不要过多；加速材料周转；现购现用减少储存时间；出入材料都要做详细记录，密切注意库存数量和质量。材料库存制度严格，员工操作按标准进行，减少毁坏，从而降低浪费。

(4) 残料再利用

材料经使用后，通常会有残余或残渣产生。残料通常又分为可再利用和不可再利用两种。对可再利用残料，要避免浪费，应视同好料，妥善保管，能用则用。对不可再利用残料，应设法处置，尽快清扫出现场，不能让这些残料影响正常生产作业。此外，残料如果可以出售，最好能在原地交易，以节省出售过程中所产生的其他不必要费用。

（5）减少废品损失

生产中有废品是很正常的。但是如果废品超过一定的度，那就不正常了。所以，控制废品的损失，也是降低生产成本的重要一步。

废品就是质量不符合规定标准、不能按照原定用途使用或者只能在加工修复以后才能使用的产品、半成品或零部件。废品损失包括企业生产自然造成的，并在生产过程中发现或者在入库后发现的各种废品的报废损失和修复费用。这些损失都增加了企业成本，或者减少了收入，也可以说是一种变相的浪费，需要每一位员工共同努力尽力减少废品的产生，以节省成本。

（6）熟练操作

如果一个技术不熟练的工人上岗操作，产生废品以及出现事故的概率必然会大大增加，生产工人违反操作规程，或者操作不熟练、不专心，会直接导致产品的不合格，产生废品，造成极大的成本浪费。所以，技术熟练就能为企业减少浪费。

同时生产一线的员工还必须要有高度的责任心，树立起"质量第一"的生产作风，以生产出高质量、高产量的产品为己任，上岗一分钟，尽责60秒，严格按照产品质量标准，规范操作，严格把住产品质量关，争取优质、高产、安全的生产，从而更大程度地消灭生产环节的浪费。如果每一个员工都能这样做，那么生产成本一定会有一个可喜可观的改变。

4. 善于还价，降低采购成本

采购环节是降低成本的关键点之一。要想把产品的价格降低，降低采购成本至关重要。这是企业员工特别是采购员工必须首先明白的职责。

采购部门不仅是一个购入原材料的部门，也是企业的利润源头之一。企业有三大利润来源：降低原料损耗和提高劳动生产率是企业的"第一利润源泉"；扩大产品销售是"第二利润源泉"；减少物流费用则是企业的"第三利润源泉"。降低采购成本是实现第一利润的坚实基础。采购成本的下降直接关系到利润的上升，而且可以让企业在价格上占有相当的主动权，从而使产品的竞争能力大大提高。有很多生产型企业都曾采用这种方法降低成本，从而使企业获得了巨额利润，让企业脱颖而出。

比如一家小家电企业，在采购成本管理方面就很有一套。材料成本占其总成本的60%～70%，因此采购成本是其最重要的成本，也是每年降低成本的重点环节。供货商的选择是降低成本的第一道关口。他们对供货商的开发与管理采取动态法管理。就是不断开发新的、更有威胁的供货商，让它像鲇鱼激活沙丁鱼一样，在供货商之间营造彼此竞争的氛围。主要商品、材料的供货商应有3家以上，而且每年应至少再发展一家，以便让自己从供货商的竞争中得渔翁之利，降低成本。

采购人员与对方谈判时最有效的一种武器就是了解供应方的合理成本水平。为了培养采购人员的这种能力，这家公司的物资供应部把市场上各种同类产品都找来，分析最低多少成本能做出这个产品，从而找到谈判的突破口。

招标比价技巧也是降低成本的主要技巧之一。这家公司的投标书上必须把各项成本单列，而不是只要一个总价，这样就能看出其中的水分，从而找出最精确、成本最低的供货商了。

正是这些扎实有效的降低采购成本的措施，使这家小家电公司在激烈的竞争中一直立于不败之地，并逐渐成为行业巨头。

对采购人员来说，怎样降低采购成本为企业省钱呢？

（1）要学会核价

不管采购哪种物料，在采购前都应熟悉它的价格组成，了解供应商所生产成品的原料源头价格，为自己的准确核价打下基础。这样在谈判时，就能做到知己知彼，百战百胜。采购人员不妨备一个"价格记录本"，它能帮助企业少花很多冤枉钱。在本子记录下每一个曾购买过的物品的价格，当需要和另一卖家对比价格时，它会成为有用的参考。而且，"价格记录本"能让自己知道一些常需物品的价格上涨幅度。在采购的时候，不妨随身携带这个"价格记录本"，它一定会让你受益良多。

（2）信息来源要广

采购人员要从不同的方面收集物料的采购信息、地域差别等，特别是一些特价商品信息。平时应该多留心报纸、杂志、电视、网络上或收到的特价商品宣传单的信息，说不定就有正在寻找的商品，这样会让采购成本大大降低。

（3）选择供应商

一个好的供应商能共同发展，为采购出谋划策，节约成本；不好的供应商则会带来很多的麻烦。判断一个好的供应商主要从其质量、价格、服务、技术力量、供货能力等多方面考虑。价格不是最终因素，但一定是选择供货商的重要因素。

（4）谈判技巧

谈判是降低成本的一个重要环节，一个好的谈判高手至少会给采购带来5%的利润空间。采购人员应该向卖家提出自己认为合理的价格，而不用理会对方的最初报价。

当企业和某个供应商有长期的业务往来时，采购员就应该认识到自己有资本与对方重新商谈各种合作条款，特别是价格条款，充分运用"老客户"的身份，在适当的时机和对方协商商品价格、合同条款与服务质量，拿出勇气要求供应商给优惠价。

如果这种生产原料或服务不是独有的，那么采购人员可以通过发送信件、电子邮件、传真等方式向供应商表明"我们的企业在一年的时间内，不接受生产原料或服务的任何涨价"。措辞的时候，一定要坚决果断甚至强硬，让对方对这个决定感到没有什么商量的余地。

这样做的结果，很可能会有很多供应商表示不能够接受，甚至会有一部分选择退出，但一定不要放松，肯定会有供应商接受这个决定的——冻结价格、终止涨价计划。这样一来，在一定的时间内，就会为企业节省很多开支。

（5）批量采购

批量越大，所摊销的费用就越低，这是一个简单的道理，所以企业批量采购可以节省大量的成本，采购人员把好此关，带来的利润增长也是相当可观的。

（6）建立公司的采购信誉

条款必须按合同执行，如付款你可以拖一次、两次，但绝不能有第三次。失去诚信，别说控制成本了，可能货都不会有人提供。

（7）狠砍高利润行业的价格

在和供应商进行首次价格谈判时，不要理会对方的最初报价，如果对方所处的是高利润行业，就应该狠狠地砍价。有很多自行设计、简单、大批量制作的产品，市场价格所产生的利润率都超过40%，甚至有达到60%以上的。对于此类产品，砍掉10%或更多的利润是可行的。

当然，并不是所有的服务和产品都能砍掉10%或更多的利润，因为有些产品或服务的利润本身就很低。把企业所购买的产品和服务的综合价格降低10%左右，可能会很难，但只要努力去争取，即使达不到这个标准，也能为企业节省很多不必要的开支。

（8）注意隐性成本

在采购时，采购人员还应该注意所采购产品或服务的附属品价格，弄清其隐性成本。如果采购人员只是从表面上对比所购产品或服务的价格，而不计算一下该产品或服务的附属品价格，不但不一定能够省钱，反而可能会更费钱。

（9）跨过中间商

在正式采购之前，仔细浏览企业需要采购的物品清单，看看是否有什么东西可以直接从生产厂家购买。迈过中间渠道，直接向厂家购买，可以有效地促进采购人员降低成本，从而为企业增加利润。

5. 优化营销模式，控制营销成本

营销成本是在指企业把已经生产的产品销售给客户过程中产生的一切成本。包括信息成本、设计成本、谈判成本、宣传成本、运营成本、契约成本、诉讼成本等一系列成本。

企业营销模式包括营业推广、广告宣传、关系营销、体验式营销等多种模式。常用的是营业推广、广告促销。营业推广是一种很好的促销工具，在具体方式上，主要有派送、减价、奖励购买等形式。

由于营业推广费是为了获得预期效果而付出的成本，目的性极强，所以应主要使用预算控制。销售人员在申请营业推广费时，应制作详细的报告，内容包括所推广的项目或产品、拟采用的推广方式、预计需要的资金额度以及可能的获利情况等。待批准后，财务部应在专项账户中逐项记录营业推广费用的支付情况，从而从各个环节中抠出可能的浪费来全力消除，使营业推广效益最大化。

公关营销也是企业常用的方式。是通过对公司有利的宣传，为公司建立良好的"企业形象",并且处理好不利于企业的流言和传闻,树立企业与公众的良好关系,亦即建立公共关系。公共关系能以比广告更低的成本,对公众的认知产生强烈的影响。

公关营销是一种投入最少的促销工具,它能够获得有利的宣传和创造一个有利的企业形象,在建立顾客认知和偏好方面具有相当大的作用。一般来说,通过以下方法可以建立良好的公共关系:召开新闻发布会;参与社会公益活动;散发公司宣传资料;进行慈善捐赠。这需要根据产品的不同特点,选择最优宣传方式,以花最少的钱,取得最好的宣传效果。

广告宣传是一项高智力活动,是企业赢取市场利润的营销工具,它要求广告策划要正确、周密、系统、丝丝入扣、环环相依,因为任何一点疏漏,都有可能降低广告营销效果,增加广告投入成本,造成不必要的浪费。

广告投放,是最有可能产生浪费的地方。据统计,在街头投放广告宣传单,只有不到40%的人会接过来,不到20%的人看过,因为看过宣传单而回去买产品的人则不到1%。这样的广告投放效果当然是非常低的,那中间造成的浪费也就可想而知了。所以,广告的投放一定要严格控制,一不小心就有可能造成广告浪费。

广告浪费是一种盲目和疯狂的浪费。说它盲目,是不知道自己的目标群和目标市场之所在,不管三七二十一,眉毛胡子一把抓,天女散花式地投放广告,能捞多少是多少;说它疯狂,是赌徒式投放广告,或者广告铺天盖地,轮番轰炸,或者不惜血本请超级明星,拍几个广告片,勇夺标王等,企图一蹴而就。虽然有的企业获得了成功,但更多的是失败者。广告真的需要这样投放才能取得成功吗?事实告诉我们,广告的盲目和疯狂只会陷企于困难之中。

广告人员必须明白,广告是一种连续性的投资行为,只有长久的广告累积品牌认知,才能让消费者记忆犹新,进而取得消费者的信赖。

营销成本中还有人员推销费用、产品推广费用、公开宣传费用以及销售费用,这些也都需要严格控制,才能有效降低。

除了营销模式要优化选择外,要降低营销成本,还要关注营销费用率。营销费用率是市场营销费用占销售额的比例。其公式为:营销费用率＝营业费用/商品销售收入。其中营业费用是指企业在销售产品、提供劳务等日常生产经营过程中发生的各项费用以及专设营销机构的各项经费。包括推销员工资及费用、广告宣传费、促销费、市场调查费、营销管理费，等等。在商品销售收入一定的情况下，营销费用越低，企业的效益就越好。

营销费用率反映了取得一定的销售收入所需付出的营销成本，其高低可作为反映企业营销效率的重要指标。该比率受各种随机因素的影响而上下波动，一般允许有适当的偏差，但如果波动超出正常范围，就应引起注意。如果及早发现苗头，采取措施，就可以有效控制销售费用的上升趋势，把营销成本控制在合理的范围内。

总之，要控制营销成本，要从多个方面发力，不仅需要最优化的营销模式选择，而且需要重视降低各种营销费用。既要想办法降低直接销售费用，如销售人员的薪金、奖金、差旅费、训练费、交际费及其他相关费用；也要重视宣传推广费用的合理利用，如广告宣传费用、产品说明书的印刷费用、赠奖及展览会的费用；还要尽可能节省商品仓储费用如租金、维护费、折旧、保险、包装费、存货成本，以及商品运输成本如托运费用、快递费用等，最终把营销费用率控制在最低的水平，减少营销成本的支出。

6. 把成本观念牢记于心

降低成本是企业获得利润的重要途径，却是一个长期的过程。这个过程不仅需要企业上下的共同努力和通力合作，还需要所有的员工都要有一个节省成本的观念和意识，时时把节省成本等于赚取利润的观念放在心上，全员努力，持之以恒，才能见到成效。所以，员工对成本的态度决定了企业节省成本的多少。

世界上有一笔简单的账，小学生都会算：一个水池的现有水量，等于流入的水量减去流出的水量。如果流入的量是固定不变的，流出量的减少就意味着水池的水会越来越多。

同样的道理，对于一个企业来说，收入如果固定不变，而开支减少的话，企业的利润会相对增加，也就相当于增加了产量，提高了收入。

但遗憾的是，许多员工却不会或不愿算这笔简单的账。真正懂得为企业算这笔账，并且时刻为企业节约的员工，必然是企业倚重的员工。

周明在一家生产企业担任成本总监，老板给的指标是年销售量增加30%。周明信心百倍："按照我的方法一定没问题。"老板说："我们已经很抠了，降成本只怕是不行的。"周明信誓旦旦："只要能让员工都听我指挥就一定可以。降低成本不一定是通过节省，有时，有些钱不舍得花，反而导致成本更高；但有些成本是可以避免的，因为不增值。"

第二天，周明给工厂全体管理层上了一课，要求每个部门，每个环节检查：在工厂的运营过程当中，哪个环节是高增值、哪个环节是低增值、哪个环节是不增值、如何减少不增值的活动？让每一个员工都把成本观念刻在心上，每时每刻都想一想，自己的工作哪部分是不增值的。

比方说仓库。老板为了节约成本，请了自己的岳父做仓管主管，再配两个仓管员。仓库长期混乱不堪没人敢有意见。原材料种类太多，到底库存有多少材料没有精确数据，导致采购出了问题：要不就是采购太多，造成呆滞料；要不就是采购不及时，造成停工待料。然后是半成品仓库、成品仓库也陆续发现许多不增值的流程，造成过多的资金压在生产环节当中。其实，光是管好仓库，配合好生产与采购，成本就能下降十几个百分点。其次是采购，采购每降低1元，就是1元的纯利润。要求公司采购部门要不断地谈价钱，努力争取以最低的价格拿到原料，降低成本。

周明每天不停地向大家灌输节约和增值的理念，让每一个员工都明白"降低一分成本就等于赚回一分利润"，并要求每一个员工都要把"降本增效"牢记在心，并付诸行动。工厂原来贴了很多标语，如"团结、创新"等，周明让人统统撕下来，换上两句话："这件事增值吗？""我们工厂还有浪费吗？"这两句话成为全厂员工的座右铭，每一个员工都按照这样的标准来工作，几个月下来，企业的成本下降了30%，也就是利润增加了30%。企业迅速壮大，员工的福利也大大增加，员工"降本增效"的劲头更足了，成本观念已经刻印在每一个员工的心上。全厂随处可见自觉节俭的员工。老板极为满意，并重奖了周明。

优秀企业的员工都有这种成本观念。把节俭当成自己的工作准则和工作信仰，以企业为家，珍惜企业的资产，爱护好它的一切设施，在生产、销售、推广和管理的各个环节，都严把成本关，把降低成本放在心上，时时刻刻记着要多省一点儿成本，在工作职责范围外多做一点点，多替公司想一想，省一省。正因如此优秀企业才越来越优秀。

有一位企业家曾经说过一句名言："降低成本不需要技巧只需要决心。"这话虽然不一定放之四海而皆准，但至少说明一件事：态度比手段更重要！要从根本上降低企业的成本，甩掉企业庞大的成本包袱，轻装前进，提高利润，需要的正是每一位员工对待成本的态度、降低成本的决心和深植于心的节省成本的观念。

第五章 节省工作开支,减开支要善于抠细节

省下的都是利润,省一分等于赚一分。作为员工,一定要明白这样的道理,工作中要善于抠细节、重小事,从一张纸、一滴水、一度电开始,时时处处把节约放在心上,减少各项开支为企业增加利润。

1. 保持节俭意识，省一分等于赚一分

世界上所有规模庞大、实力雄厚的企业，都不是凭空产生的，而是靠着所有员工一步一个脚印地创造出来的，一分钱一分钱地赚出来的。

企业和员工都明白一个道理：省下的就是赚到的，省下一分钱就等于赚到一分钱。所以，时时、处处都能节省，就等于时时、处处都在赚钱。

内蒙古集宁机务段呼和浩特西运用车间机车乘务员冷基柱，为企业节约支出献出"金点子"的故事，就是一个很好的例子，他的事迹还一度成为大家热议的"冷基柱现象"，相信大家看过他的故事后会有很多启示。

冷基柱是内蒙古集宁机务段呼和浩特西运用车间"80后"机车乘务员，平时就是个"爱操心"的人。当他值乘的机车牵引着K574次旅客列车在午夜时分抵达察素齐站时，风雨棚尾端3盏明晃晃的照明大灯亮得让冷基柱睁不开眼。冷基柱心想："太亮了！既影响瞭望，又浪费电呀！"

在退乘回家的路上，那盏明晃晃的大灯总在冷基柱心头晃荡，他眯起眼睛一直在想如何解决这个问题。察素齐站是一座三等站，每天经停客车27趟，其中夜间7趟，客运组织较为繁忙。由于车站二场风雨棚长度仅300米，照明无法覆盖500米长的站台，影响夜间旅客上下车安全。为此，车站在风雨棚4个尾端各加装了3盏照明大灯，共计12盏灯，整夜亮着。终于他想到了一个解决的"金点子"：把站场几盏大灯换成趟车开启，平时关闭，既节省电费，又不会因为晃眼影响安全。

经过一番深思熟虑，冷基柱把自己的"金点子"上报给局集团公司领导。让冷基柱没想到的是，他的"问题上报"得到迅速回应：车站关闭了其中 8 盏灯，而且调整了剩余 4 盏灯的亮度和角度。如今，冷基柱驾驶机车再驶入察素齐站，灯光柔和了，前方看得更清楚了……

察素齐站对冷基柱提出的问题迅速整改后，又开始举一反三，"翻箱倒柜"查找可节约支出的项点。站长黄金岩领着职工认真算了一笔账：风雨棚尾端有 12 盏照明大灯，风雨棚顶部有 136 盏照明灯，地道有 154 根灯管。以前，夜间照明设备长时间开启，冬季每日至少使用 6 小时。现在，照明设备使用改为趟车开启，日均节约 3.5 小时的照明时间，每日可节约用电 48 度，全年节约用电 1.752 万度，节省电费超过 1 万元。

察素齐站的带头反思和改进，也开始在包头车务段全面展开。包头车务段对所辖车站所有照明问题逐一进行排查梳理，既整改类似问题，又丰富节支降耗项点。

冷基柱也因此一下子"火"了，他的"金点子"拿到了中国铁路呼和浩特局集团有限公司给予的 500 元奖励；他的事迹也登上了局集团公司报纸、电视、新媒体的重要位置；但他并不以为傲，反倒有了更大的信心寻找更多的降支增效点。他说："我是企业的一名职工，企业发展就像一个人居家过日子，省下的就是挣下的，大河水满才能小河流。"把节约意识时刻贯穿在自己的安全行车中，每趟平均耗电都保持在 1600 多度左右。他想得很实在："为企业节约就是为自己增收嘛。"（参见铁道网、中国交通广播电台，2020 年 6 月 5 日报道）

企业是大家的，企业的事就是大家的事，为企业节约就是为自己节约。只要心中常保节俭意识，不论在任何岗位上做任何工作，都可以为企业节约。就像冷基柱一样，一盏灯也可以为企业节约！

只要心中保持节约的理念，把企业的事当成自家的事，精打细算、节俭办事，从小细节中抠减支出，从小问题中发现节约的可能，赚一分算一分，省一分是一分，每一个员工都这样去做，那企业还愁不发展壮大吗？

要是企业的员工没有节约的观念，人人都不把浪费当一回事，那么企业的损失同样是惊人的。

江苏省某民营电机企业，老板自筹资金修建厂房，厂房旁边有一条小河，风景优美，使工厂更美了。为了减少原料浪费，厂里规定凡有损坏器件者重罚。本来电机企业那几年市场非常好，公司的生意也一直红火，但效益却总是上不去。几年过去，企业的经营却越来越差，不得不搬迁到更远一些的地方。搬走之前，无意中抽干了旁边的小河，却发现了一个惊人的事情：很多电机组件丢在里面，几乎填满了河底。原来职工担心受罚把搞坏的零件都扔在河里了，粗略一算，损失居然达千万元之多。原本是为了减少浪费而定的制度没想到反倒增加了浪费。

可见没有节约意识的企业多么可悲！节约意识是企业减少浪费、增加利润的强大支点。没有节约意识的企业，是很难迅速发展的。很多经营良好、基业长青的企业，都是节约型的企业，有一大批节约型的员工，有深刻的节约型企业文化，有良好的节俭氛围。企业里人人节约，个个节俭，一点一滴，最终在企业这里汇成了财富的洪流。

如果企业和企业的每一位员工都能认真正把节约根植于心，时时以节约为己任，削减一切不必要的开支，增加一切可能有的收益，就可以大大增加利润。那么，企业一定会越来越兴旺。

2. 节约不怕小，为企业节约每一张纸、每一度电、每一滴水

企业经营活动是由众多小事所构成的，成本也是由众多小支出所组成的。企业只有从小事入手降低成本，才能积小利为大利，实现企业利润的增长。要想做到真正的节俭，就是要精打细算才行。

但总有人认为，这么点小开支小浪费没什么，特别是一些年轻员工，由于自小生活条件优越，要什么有什么，从来没有吃过苦，也就很少有节俭的意识。做什么事都大大咧咧，没有节俭的观念，甚至认为节俭就是小气，一张纸、一度电、一滴水有啥了不起，节约了也富不了，浪费了也穷不了。这样的观念可不行。

节约和浪费，都最忌讳不把"小"放在眼里，务必记住"莫以省小而不为、莫以费小而为之"，因为不论节约还是浪费，都是积小成大、积少成多，点点滴滴汇到一起，就是一笔惊人的费用。

古人云："强本而节用，则天下不贫。本荒而用侈，则天下不能使之富。"越是效益好的时候越不能奢侈浪费、越需要节省，企业才能越来越发展。一人浪费一点儿，就是一个大大的数字，一人节约一点儿，日积月累，就会积累一笔巨大的财富！节约不论大小，只要做了，就会有成效。

何丽丽是个节俭的人，工作上也最怕浪费。班组长很看重她这一点，让她当上了班组里的节约监督员，专门监督班组里的浪费，及时纠正浪费行为，并带领大家节约一张纸、一滴水、一度电。大家都知道丽丽的为人，嘴虽然厉害，见到谁浪费绝不留情，肯定批评，但心眼不坏，况且都是为公司好，也就都听她的指挥，规规矩矩按何丽丽的节俭规定办事。

令大伙儿没想到的是，到年底核评时，他们班组的效益居然是最高的，不仅生产物料比上一年节省了10000多元，就连一些员工根本看不上的水电费也省下了1300多元，纸笔墨、订书针、曲别针、挂钩、扫把、拖把、清洁用品、手套、垫板等这些平时看着根本不起眼的小物件，竟然也比上一年少支出了600多元，平常不过是出门关灯、把水龙头关紧一点，领取和使用物料时更用心一点，一年下来，竟然如此可观？班组员工拿着公司颁发的每人800元的"节约奖"，开心地说："丽丽，明年你再管严点，让我们年底再多拿点奖金！"

大手大脚的人，是还没有尝到节俭甜头的人。积少成多、集腋成裘，别小看每天节约的这一点点，积攒下来，就是一笔可观的财富。小节约和小浪费看似没什么，久而久之，那会带来截然不同的结果。

如果每个项目，每个人都能从各个层面、各个角度去节俭，在工作上组织安排更周全、更合理化，减少材料的浪费，降低废品率，节能减排，就算是一个五百人的小企业，一人一年为单位节约200元，一年就是10多万元，如果放在全国所有的企业中……可以算一算，单靠节约，就会有多大一个数目的利润！

在企业中推行节约，并不是说要所有的员工都去考虑如何节省几千元、几万元的大笔资金，这对大多数员工来说是不大现实的。对于员工来说，节约不怕小，不管是一张纸、一滴水、一度电、一分钱，我们都要节约。不要认为这是"寒酸""小气"，是"吝啬"，而不屑一顾，古话说得好，"涓涓细流，汇成海洋""聚沙成塔，集腋成裘"。假如说企业效益是条大河，那么员工创造的利润就是这条河里的一滴水，一个人省一滴水，无数滴水汇聚起来，便是汹涌澎湃的浪涛，便会有波澜壮阔的大海！一个人的力量有限，但无数个有限组合起来，便是无限，便会有无坚不摧的力量。

3. 认真仔细，彻底消除工作中的跑、冒、滴、漏现象

跑、冒、滴、漏现象在工作中司空见惯，企业中因为设备损坏、老化或维护不到位，抑或是操作不规范引发的漏水、漏物料、洒落工具、滴漏原料等，都极为常见。试想哪个企业里没有几个坏着的水龙头？哪个企业里又从来没有过丢在地上的物料呢？正因为如此，许多员工都认为，跑冒滴漏根本不算什么，也就从来没把这些跑冒滴漏的现象放在眼里，即使看

见了，也懒得去管，懒得去理。殊不知，看似不起眼的跑冒滴漏，带来的损失和浪费非常惊人。

媒体曾报道：北方冬天供暖季，因为供热管网的跑冒滴漏，仅一个300多万人口的小城市，一个采暖期下来，跑冒滴漏热水浪费就达到千万吨以上，相当于一个中型水库的水就这样没有了。比如长春市供暖期每天供水104万吨，高温时平均每天跑冒滴漏达到7万~10万吨。以一个采暖期170天计算，一个冬天下来，长春市供热管网失水高达1190万~1700万吨，相当于一个中型水库。

"供热是定压补水，压力表下来，就得补水，否则用户家就达不到温度"，热力公司对这种跑冒滴漏也十分无奈，有时候因为供热管网上出现漏点，一天就要补水两三百吨进去，而这些水全部都漏掉了。而且，漏掉的都是40℃的高温水，补进来的却是常温水，为了保证居民家的温度，必须进行加热。而把1700万吨的常温水烧到40℃，还需要多烧22.5万吨的煤，多花1亿多元。

可见跑、冒、滴、漏的浪费多么惊人。据国家环保局的数据，现在全国每年因为"跑冒滴漏"损失掉的水就占到了我们所消耗水的20%，高达五分之一的水就被这看似不起眼的"跑冒滴漏"给吞噬掉了！跑冒滴漏绝不是不起眼的小事。

"跑冒滴漏"现象得不到遏制，企业的利润就会被这些看起来并不会浪费多少的"跑冒滴漏"给吞噬掉。很多生产型企业都会有一些容易发生跑冒滴漏的气体、液体，是在存放、运输等的过程中，因管理不善而产生跑气、冒气、冒水、滴水、漏气和漏水等现象，还有的是因为员工偷窃、乱扔或是损耗，导致物料浪费。这都需要及时处理，堵住"跑冒滴漏"的源头，减少企业的损失。

某船舶企业维修员小李，平常的工作就是排查企业的跑冒滴漏情况，他每天都巡查各个线路，一旦发现有跑冒现象，立即维修或更换设备，以保持正常运转，为企业节省了不少的资金。一次在对动能管路排查时没有发现问题，但是总表却一直显示有漏点。小李来来回回检查了三四遍，对气体带、储气罐、液压油罐等部位进行了详细筛查，后来终于发现是作业现场未及时关闭的气体集配器跑冒滴漏导致的，小李马上进行了整改。平均算下来，小李每月都会为企业减少 2000～5000 元的损失。

　　漏点儿气或是滴几滴油，看起来真的没什么，浪费就浪费了吧，但如果任由滴漏不加改善，长期跑冒，那就会是一笔相当大的损失了。工作在一线的员工，绝不能对"跑冒滴漏"视而不见，不能任由企业的资源白白流失，而是要负起自己的责任，认认真真做好自己的工作，彻底消除这些浪费现象。比如随时关紧水龙头，任何时候都盯紧那些容易"跑冒滴漏"的设备和关键点，加强设备的检修，经常性地巡视和检查，积极发现问题，找出隐患，及时防范。发现有泄漏点，进行危害分析，分轻重缓急，区别对待，特别是发现危险物料泄漏，必须马上报告，以便及时得到处置。这样，再小的隐患也会被我们找出来，防患于未然。

　　优秀的员工都要有这种认真负责的精神，坚决杜绝"跑、冒、滴、漏"的现象，把握执行工作中的每一个细节，认真履行自己的职责，站好自己的一班岗，尽己所能为企业减少损失，增加收入，为企业的发展献出自己的一份力。

4. 办公室里处处可节约

　　很多办公室的员工认为，为企业节约，是生产车间、营销部门或是其他消耗部门的事情，和自己的办公室关系不大，因为办公室里哪有什么节约的？不过是几张桌子椅子而已。其实办公室里节约也大有可为。

（1）办公室空调节电

无论是从节能还是从健康的角度考虑，将空调的温度夏天设置得过低、冬天设置得过高的做法都是不合理的。盛夏期间，室内与室外的温差最好在4~5℃；冬天，室内温度最好控制在20℃以下。夏季空调设定温度调高一度，就可以节约用电5%~8%。还有一些小技巧，可以增强节电效果。

把空调室外机置于易散热处，室内外连接管尽可能不超过推荐长度，可增强制冷/热效果。

空调联结时应具备合适的用电容量和可靠的专线连接，并具有可靠的接地线。尽量少开门窗，使用厚质、透光的窗帘可以减少房内外热量交换，利于省电。

开空调之前，提前开窗换气，空调开机后将窗户关闭。设定适当的温度，夏天将温度调为26℃以上，冬天不要超过20℃为宜。较长时间离开办公室或下班后将空调关闭，并将电源切断。

定期清扫滤清器，约半个月清扫一次。若积尘太多，应把它放在不超过45℃的温水中清洗干净。清洗后吹干，然后安上，使空调的送风通畅，在降低能耗的同时对人的健康也有利。

勿挡住出风口，否则会降低冷暖气效果，浪费电力。调节出风口风叶，选择适宜出风角度，冷空气比空气重，易下沉，暖空气则相反。所以制冷时出风口向上，制热时出风口向下，调温效率会大大提高。

控制好开机和使用中的状态设定，开机时，设置高风，以最快达到控制目的；当温度适宜时，改中、低风，减少能耗，降低噪声。

（2）办公室照明节电

据专家测算，如果以功率为11W的高品质节能灯代替60W的白炽灯，不仅减少耗电80%，亮度还能提高20%~30%。以全国每天使用4小时、推广使用12亿只计算，一年可节电858.48亿度，而三峡电站年发电量也只有850亿度左右。所以，推广节能灯节约用电十分重要。

将办公室内的白炽灯以及其他高耗能灯换成节能灯。节能灯的光效一般比白炽灯高5倍。原来使用60W白炽灯的地方，现只需使用13W的节能灯就够了。

节能灯耗电量非常小,但开关的时候电流量大,且会减少寿命,所以,用节能灯不需要频繁开关,短时间内比如两个小时不用,可以不关。

写字楼或者办公室统一安装节能灯时,要根据办公室大小和人数合理安装开关,不要一个开关控制多盏灯。

要根据不同的场合,优先采用光效高、显色性好的光源和高效灯具。紧凑型荧光灯(俗称节能灯)是高效灯具中的一种。它尺寸紧凑,便于使用优质的三基色荧光粉,容易配用电子整流器,从而具有显色性好、无频闪、光效高等优点,能很方便地替代白炽灯泡,可以广泛应用。

办公室内要充分利用自然光,在室内光线充足不必要开灯的情况下尽量少开灯或者不开灯。

工作最好都在白天做,少在晚上加班以减少用电。人走灯灭,杜绝"长明灯"现象。

(3)办公室用品节省

办公室用品很多,很多办公场合办公用品浪费日益惊人。那些能重复使用多年的钢笔、圆珠笔,现在几乎都被一次性水笔、签字笔"消灭"了,几元十几元一支的笔,无论外壳多么精美完好,用完之后一概只能丢弃。这种现象人们都已经熟视无睹。而在人们熟识的现象背后,是被浪费掉的金钱和资源。如果办公室里的每一项用品都以节约为先,一年下来,也能节省很多的开支。关键是员工要有节约意识,时时以节约为先,那么处处都可以节约。

节约用纸。办公尽量减少用纸,多选用无纸化办公方式。沟通和交流多用电子邮件、微信、QQ等即时通信工具,这样不仅高效还节约了纸张。在打印或复印时,尽量都双面利用。

传真机、复印机不用的时候关掉。在午餐休息时和下班后关闭电脑及显示器。这样做除省电外还可以将这些电器的二氧化碳排放量减少1/3。

少用订书钉。有资料表明,如果每位办公人员每天少用一枚订书钉,一年将会节约120吨金属材料,以及制造这些材料所需使用的能源。别看小小的订书针,省下来也有不少。可以用可循环使用的曲别针或夹子代替订书针。

减少使用一次性用品。多用手帕擦汗、擦手，可减少卫生纸、面巾纸的浪费。尽量使用抹布。使用可更换笔芯的圆珠笔、钢笔代替一次性书写笔。

减少使用含苯溶剂的产品，如胶水、修正液等。回形针要循环使用，已经使用过的回形针取下来要保留起来，下次重复使用。

公文袋重复、回收利用。许多单位在日常工作中以及一些会议上，都习惯使用塑料文件袋或文件夹，而且随便丢弃的现象很严重。事实上，塑料文件袋要比牛皮纸文件袋贵一倍左右。所以，单位日常使用以及会议文件最好用牛皮纸袋，而且最好能多次重复利用，既节约日常办公费用和会务费用，又利于环境保护。

节约纸杯。内部员工自备水杯，在办工场所包括会议上都要使用自备的水杯。一次性纸杯给客人专用，而且每次限用一个。

（4）办公电脑节约

所用的电脑选择合适大小的显示器。因为显示器越大，消耗的能源就越多，一台17英寸的显示器比14英寸显示器耗能多35%。

使用显示器时稍微调得暗一点。显示器亮度过高会增加耗电量，也不利于保护视力。要将电脑显示器亮度调整到一个适合的范围内。电脑关机不用时也要随手关掉显示器。

为电脑设置合理的"电源使用方案"，短暂休息期间，可使电脑自动关闭显示器，较长时间不用，使电脑自动启动待机模式，坚持这样做，每天可至少节省1度电，还能延长电脑显示器的寿命。

关掉不用的程序。使用电脑时，应养成关掉不用的程序的习惯，特别是微信、QQ、桌面搜索、无线设备管理器等服务程序，在不需要的时候把它们都关掉。

屏幕保护越简单越好，最好是不设置屏幕保护，运行庞大复杂的屏幕保护可能会比正常运行电脑更加耗电。可以把屏幕保护设置为"无"，然后在电源使用方案里面设置关闭显示器的时间，直接关显示器比起任何屏幕保护都要省电。

电脑关机拔插头。下班时间或是长时间不用电脑，应关闭打印机及其服务器的电源，同时将插头拔出，待机模式也会消耗电能。

经常保养电脑。电脑主机积尘过多会影响散热，导致散热风扇满负荷工作，而显示器屏幕积尘也会影响屏幕亮度。因此平时要注意防潮、防尘，并定期清除机内灰尘，擦拭屏幕，既可节电又能延长电脑的使用寿命。

（5）办公室打印机节约

减少开机次数。喷墨打印机每启动一次，都要自动清洗打印头和初始化打印机一次，并对墨水输送系统充墨，这样就使大量的墨水被浪费，因而最好不要让它频繁启动。最好在打印作业累积到一定程度后集中打印，这样可以起到节省墨水的效果。激光打印机也是一样。

选择合适的打印模式。喷墨打印机的耗墨量与其打印质量和分辨率成正比，应根据不同的应用要求选择不同的打印分辨率和打印质量。现在的喷墨打印机都增加了"经济打印模式"功能，在打印平时自己看的稿子时，完全可以采用这种模式。使用该模式可以节约差不多一半的墨水，并可大幅度提高打印速度。不过，如需高分辨率的文件还是不要选择该模式。

巧妙使用页面排版进行打印。现在的打印机都支持页面排版的方式来打印文件，使用该方式来打印，可以将几张信息的内容集中到一页打印出来。在打印样张时把这个功能和经济模式结合起来就能够节省大量墨水。但是该功能并不仅仅是为了省墨才设置的，比如在打印一本书的封面时，该功能是非常有用的。

减少墨头清洗次数。打印机在使用过程中常出现墨头被堵现象，造成被堵的原因很多，如打印机的工作环境、墨水的质量、打印机闲置的时间等，由于每次清洗墨头都要消耗大量的墨水，所以应尽量减少清洗墨头的次数。如果发生堵头现象，在清洗喷头一次之后，如果有效果，请不要马上就重复清洗喷头，等一天之后一般的堵头就可以解决。如果当时连续清洗多次，未必马上出效果，且费墨严重。

避免墨盒长时间暴露。避免将墨盒长时间暴露在空气中而产生干涸堵塞现象，应该在墨盒即将打完墨时马上灌墨，并且灌墨后立即上机打印。要是打印机暂时不使用的话，也可以将喷头放在专用的喷头存储盒中，其中特制的垫可以阻隔空气，保持喷嘴的长久润湿。

不要立即更换墨盒。喷墨打印机是通过感应传感器来检测墨盒中墨水量的，不论几种墨色，只要检测到一种墨水含量小于内部设定，便会提示要更换墨盒。

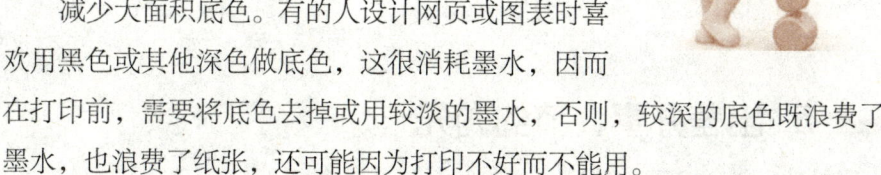

减少大面积底色。有的人设计网页或图表时喜欢用黑色或其他深色做底色，这很消耗墨水，因而在打印前，需要将底色去掉或用较淡的墨水，否则，较深的底色既浪费了墨水，也浪费了纸张，还可能因为打印不好而不能用。

设置打印缩放比例。如果对打印内容要求不是太高，可进行表格的压缩打印，即选择在一张纸上打印几页容量的表格。设置时只需打开"页面设置"对话框的"页面"选项卡，选中"缩放比例"单选框，输入需要缩放的比例如"50%"就可以了。

适当压缩打印内容。如果要打印的表格内容超过一页，且第二页中的记录数只有几行时，可选择将第二页中的内容打印到第一页上，这样既美观又节约了纸张，何乐而不为呢。方法是将页面设置调整为"1页宽1页高"就可以了。

（6）办公室复印机节能

选购通过"中国节能产品认证"的复印机。根据单位规模和工作量的大小选择合适型号的复印机。复印任务非常少的公司可以选择打印、复印、传真一体机。

复印机每次在开机时，要花费很长时间来启动，在不用复印机时，视时间的长短来选择关闭或处于节能状态。一般来说，40分钟左右内没有复印任务时，应该将复印机电源关掉，以达到节电的目的；如果40分钟内还有零散的任务时，可以让复印机处于节能状态，这样既节能，又能保护复印机的光学元件。

将复印机放在一个干净的环境内，远离灰尘，远离水，并且不要在复印机上放置太重的物品。

（7）办公室传真机节约

尽量选购节能型的传真机，能不用传真机时就不用。长时间不用时关闭电源，短时间不用时使传真机处于节能状态。下班后关闭传真机，并切断电源。

5. 出差办事，节约为先

任何一家企业都免不了要派员工出差办事，每家企业都十分关注差旅费的开支。其实每个企业都希望员工尽量地节省开支。那些能选择既经济又实惠的交通工具、主动节省差旅费的员工，才是企业领导心目中的好员工。而那些重视自我的体验和享受、不在乎企业的利益、不懂得节约、大手大脚的员工，哪怕工作能力很强，也是难以受到企业待见的。

多多毕业后，幸运地在北京找到一份工作。这里工作环境好，报酬也丰厚，升迁的机会也颇多。多多很满意，工作十分努力，也多为企业着想。出差都以节俭为主，每次都坐汽车坐火车，有一次要去赶时间又买不到卧铺票他就买半夜的硬座票，硬挺挺地坐了半夜赶到了。老板在全体职工面前表扬了他，给他涨了工资，又晋升他为业务主管。

但是随着在公司工作时间的延长和职位的提高，多多开始以功臣自居，开始讲究享受和奢侈起来。他每次出差都非飞机、高铁不坐，有时还会买商务舱或是高铁一等座，甚至有一次因为飞机票没有了而不去参加一个重要的洽谈会，为公司带来不小的损失；招待客户也大手大脚尽是高规格。由于他的带头，手下的业务员也奢靡成风，享受为先，使出差费用大增。老板提醒了他好几次，也没有收敛。最终老板解聘了他。可笑的是，一直到宣布这个决定时，多多还大惑不解地问："我的工作哪里出了问题吗？我做得不好吗？"老板说："不，你的工作干得很好，取得了很好的成绩。但是你取得的这些成绩还不够你手下的业务员的差旅费，还带坏了整个公司的风气。"

不管企业规模大小，不论是穷还是富，出差办事，绝对不能奢侈浪费，这已经成了很多公司的企业文化的必要组成部分。若是国内的出差任务，还是坐火车比较经济实惠一些。短途的出差可以坐公交车的，就应该避免打车，乘坐公交车比打车的费用可要省得多了。有些公司还对什么时候出差时应当乘坐什么样的车有明文规定，也规定了员工出差费用的上限，如果超过，就由自己补齐。这其实是一种很好的降低差旅费的办法。企业必须提倡节俭，并要求所有人员都不折不扣地执行落实，这样就必然会上行下效，蔚然成风。长此以往，全员上下自然会养成精打细算的习惯，花公司的钱像花自己的钱一样节约，那么企业才能兴旺有望。

有时候，节省下来的钱并没有很多，但这样做却能够帮助员工树立俭朴的观念与作风，而这一点对企业长期的发展来说是非常重要的。下面这些方法，可以有效地节约出差费用。

（1）能不出差就不出差

目前，随着通信科技的飞速发展，使得出差的频率大大降低，出差再也不是商务沟通的唯一方法了。已合作多年的两家公司的业务人员，彼此之间却一直未曾见面，这种情况现如今已不是什么新鲜事。在许多情况下，只需打一个电话或是发一个微信、一封邮件就能解决很多商务问题。而且从法律上来说，现在的邮箱记录和微信聊天记录都有法律效应。比如从微信或邮箱发送合同、图表、图片等各式其他文件，都具有与快递纸质文件同样的法律效力。不但迅速、快捷，而且省钱。

还有远程会议、视频会议、群聊等，都可以达到传统会议的效果。比如一家销售公司，他们每个季度都会召集十几个地区的经理召开一次远程电话会议。尽管会议只有一个多小时的时间，但效率非常高。就这家公司而言，采用远程电话会议的方式，要比让每个地区经理从世界各地坐飞机飞过来开会方便、经济多了。就一次会议，省下的差旅费也很可观。所以多利用现代高科技，减少出差，也能省下大笔的差旅费开支。

当然，在很多情况下，出差也不能完全取消，需要当面解决的问题还是离不开出差的,只不过即便出差也需要尽量节省差旅开支。

（2）能坐经济舱就不要坐头等舱

如果单从交通的角度来说,坐头等舱和经济舱没有任何差别,都会在同样的时间到达同样的地点。但有些人为了摆谱就爱坐头等舱。企业必须倡导所有的人,当然管理者自己也不例外,都换乘经济舱,时间一长也许就适应了。假如对工作非常专注,在经济舱也一样能保持高效率。

还有高铁,商务座和二等座几乎没有太大的区别,但价格上却高出好大一截,如果非特别需要,选择二等座完全可以顺利出差,没必要一定要买一等座或是商务座。

（3）高效利用差旅时间

假如有些问题只能靠出差才能得到解决,出差前必须简拟一份出差日程安排,其中包括会议召开的次数、约见的人数、必须要去的一些地方。经过一番简单计划后,选好出差的路线,如此一来就能在规定的时间段内解决更多的问题。

充分、高效地利用出差旅途中的时间,来思考一些必须思考的问题。在旅途中,可以先思考一下会议的相关内容,熟悉熟悉那些报告与文件,若情况许可,可以带上笔记本电脑,以便在必要的时候查询相关信息。

出差之前的一个星期内,就要发送与此相关的所有议程信息,并再次通过电子邮件来确认所有的事情。这样做,能让每个相关的人都提前做好充足的准备,减少出差的时间。

假如出差地点是很多个城市,那么就可以利用中途的转机转车的空隙与离得最近的当地客户联系一下。对方若有时间,可以邀请他一起坐坐吃顿饭,增强情感方面的沟通。

（4）合理搭配出差人员

出差人员的合理搭配,也能省下一定的费用。比如必须要两人同行,最好的办法是让两位男士或两位女士同行,这样的话,可以选择宾馆的标准间两人同住,比男女同行能减少一半的住宿费用。

（5）巧订省钱宾馆

现在有很多网上订房服务,可以提前以团购价预订,能省不少的钱。

而且可以挑选同地段同服务价格更优惠的宾馆,减少入住费用。平常收集一些相关资料,再将性价比高的宾馆收藏起来以备后用。

选择距离办事地点较近的宾馆不但可以节省打车费用,还能节省交通时间。如果宾馆的电话是免费的,那么就尽量少用手机。不过,在使用宾馆电话之前,最好先问清楚服务员,若不是免费的,还是不用为妙。

如果想在宾馆吃饭,千万不要选择订购送餐服务,直接到楼下的餐厅去用餐比较好。通常情况下,宾馆的送餐服务价格是非常高的。实际上,很多宾馆的周边就有很多不错的饭店。如果你感觉宾馆里的食品、饮品太贵,那么,不妨去附近的便利店买。

很多人都认为宾馆开具的账单一定不会出错,但有些时候宾馆的账单上也会出现一些服务费用是你没要求过的。所以,在你离开宾馆前一定要对所支付的服务项目认真查看。

在住宿期间,对宾馆提供的一些便利条件可以充分利用,比如享受免费早餐、网上服务及乘坐去往机场的免费班车等。这些都可以省下不少的出差开支。

6. 业务招待,崇俭抑奢

业务招待,是企业经常会有的事情。而且我们自古就有丰盛待客的传统,人情观念也强,加之几千年遗留下来了一项办事习惯——饭桌上谈生意,所谓"酒杯一端,万事可商",上了酒桌生意自然就好谈了。所以,业务招待费用几乎所有的企业不分大小都会有一定的预算。

但是如何利用好这一笔开支,让这笔开支发挥它应有的效果,就需要仔细考虑了。很多企业的业务人员甚至老板都认为,业务招待费是花在刀刃上的钱，是不能省的，因为这直接关系到业务的成败。下面这样的场景大家应该都不陌生。

某厂销售科的李科长匆匆走进来说："高厂长，昨天联系的几个客户都到了，请你接待一下。"

"好，好，我就去。他们的住宿安排好了吗？"高厂长问。

"安排好了，就住在厂里的招待所。"李科长答道。

"不行不行，住在厂里的招待所太寒酸，还是安排到县里三星级宾馆吧！"

"那家宾馆住宿费太贵了，一个房间就要三四百元。"李科长显得有些迟疑。

"贵就贵点，客户是上帝嘛。另外，今晚摆一桌酒席，把于厂长也请来，你也一起陪客。别忘了买几瓶'五粮液'和一条'大中华'。哈哈，钱要花在刀刃上！"

把钱花在刀刃上是说只有把钱真正用到最具有效益的地方，才会让公司这把刀成为越来越锋利的快刀，帮助公司在发展之路上披荆斩棘、勇往直前。但是大手大脚极尽豪奢地招待客户就是把钱用在刀刃上了吗？在崇尚节俭的时代，越是大手大脚、豪奢请客的企业，反倒越是不受人信任——因为大家都明白一个简单道理，挥霍浪费的企业是长久不了的。

一家初创企业急需一笔投资，好不容易谈妥一家投资方有意向，并要到企业来考察，创始人极为高兴，决定好好招待一番。

投资方对企业的设备、技术及创新成果都非常满意，双方相谈甚欢。到了吃饭时间，创始人把投资方的三位代表带到了一家非常豪华的酒楼。席间更是山珍海味，好酒好菜，还请了好几位陪客，投资方的代表一直在说他们的招待"太大方了"，但创始人认为，投资方的投资解了他们资金需求的燃眉大急，自己真心要好好感谢一番，表表心意。

但几位代表回去后，投资却再也没有了下文，创始人着急又生气，忍不住打电话去问，投资方的代表之一回答说："你们吃顿饭都那么奢侈浪费,我们把这么大一笔资金投给你们,怎么能放心得下?"

超豪华的招待不仅没有留住生意,反倒吓跑了投资,这不能不说是一个极大的讽刺,也给那些热衷于招待的企业提个醒。真正好的业务招待,其实是俭朴的、真诚的、有效的。吃饱、吃好、吃得健康,有营养、对胃口,吃得舒服、心安,就是最好的招待。

比如现在很多企业的业务接待都会安排在公司内部的食堂,或者采用自助餐,一来让对方更加了解企业,二来为了更加方便、省时,三也是更加节约,而这恰恰是最受欢迎的业务招待方式,不论宾主,都会感觉自然而真诚,生意当然会越谈越拢。再说了,大吃大喝一顿,除了浪费食物、损害健康之外,实在没有什么益处。特别是在当下全民推行节约的时代,不论是在企业内接待访客,还是在外招待客户,都应以节俭为主,崇俭抑奢,力反奢侈浪费,既热情诚挚又朴实真诚,才是最好的待客之道。

 7. 爱惜公物,绝不损公肥私占用企业一笔一纸

为企业节约,需要每一位员工都把公司财产当成自己的财产来珍惜来爱护。

有些员工养成了不好的习惯:毫无节制地使用公司的物品,能浪费的绝对不省着,用不了的就往家里拿。别说什么贵重东西了,就连墨水、打印纸、圆珠笔之类不值几个钱的,也没节制地往家里搬。他们往往不在乎那些东西值不值钱,只是不放过以公徇私的机会。还会得意洋洋地向家人或朋友炫耀自己可以为他们提供这些免费资源。别看这些小物件不起眼,公司要为每个人配备充足的话,也要消耗很大的一笔开支。

所有的员工都必须搞清楚一个事实：企业的物品并非免费资源，而是公共资产，你没有权利更没有理由私自占有，必须处处注意自己的不良行为，养成不拿企业一纸一笔的习惯。即使别人都在那样做，你也不要跟着学。

俗话说："贪小便宜吃大亏。"别人的小便宜贪不得，公司的小便宜更是贪不得的。公司的形象和效益，往往就葬送在那些贪小便宜的人手中。那些贪小便宜的人，最终也会因为这种小贪行为自食其果。

还有很多职工，经常在工作的时间做自己的私事，他们心安理得地占用着企业的时间，揩企业的油，认为企业的便宜不占白不占。上班的时间一分一秒都是单位的，绝不可因私事而耽误上班的时间。在企业里不要利用上班时间做私事，更不可溜出去做自己的事，也不可以趁机用企业的电话讲私人的事情。这是一个优秀员工应该做到的。

比如上班时间不允许接打私人电话这是一个基本的规则。但有的人却不那么自觉，他们不但有私人电话打到企业里来，而且一聊就是半天，把工作扔在一边。如果你已经因此多次受到警告，却依然不注意改正的话，企业若要辞退人，那你就是首选。

小于是一名经理助理，相对于公司里其他的员工来说，她的工作较为轻松一些。自从男朋友出国后，她的心也飞了。

每次小于都不在乎是不是上班时间，只要有男朋友的电话，她便眉飞色舞地聊上很长时间。类似这样的电话有来就有往，小于也常常趁着经理外出的时候，偷偷地给男朋友打电话。虽然经理对她没什么意见，可是同事对她的意见就大了。在同事的印象中，小于总是抱着公司的电话在说笑。在她心情舒畅地跟男朋友说笑时，还会真的大声笑出来，笑声经常会吓坏一些专心致志工作的同事，但碍于面子谁也没有指责她的这种行为。

午饭和休息时间更是小于的专用电话时间，她每次都是草草地吃完午饭便把电话占住，和远在世界另一边的男朋友聊天。让小于自己掏钱的话，她没准一个月都不舍得打上一两次电话，可是公司的电话就不同了，毕竟打多少也不用自己花钱，打多久都不会有心疼的感觉。她中午一打就是1

个小时,这使得本来想休息的同事都很难休息好。

最终公司解雇了小于。

不要利用上班的时间做私事,不要想占企业的便宜,不要拿走企业的一纸一笔一针一线,因为从这些小事中可以看出一个人的职业品德和修养。

不占用企业的公物,同时也要爱惜企业的公物。对于一些易于磨损、易于消耗的办公用品,比如传真纸、复(写)印纸、打印纸、墨盒、碳粉、硒鼓、光盘、墨水、装订夹等,在使用的过程中,应该自觉地做到节约使用:没必要打印的不打,没必要使用的设备不使。

比如在使用电脑方面,有时候打开的文件过多,电脑会反应很慢,有的员工就会很不耐烦,拍打主机箱,发泄气愤。可是电脑毕竟不是人,即使你威胁电脑要把它拍得稀烂,它也还是要按自身的程序运行……不要因为这些办公用品不是自己的,就随便地磨损和消耗,这样浪费的也是你自己的。

好好爱惜这些办公用品,不但能够给我们带来更高的效率,也可以为公司节省一些维修和重新添置的费用。办公用品都是一些小东西,可由于办公用品天天要用,也是一笔大的开支。所以爱惜公物,提高公物利用效率,也是节省开支的有效方法。

公司的利益需要每个员工来维护,每位员工,在办公用品的日常使用上应该做到能省就省、能不领取就不领取,为公司尽可能地减少办公费用,这样公司才能稳步发展,员工才能乘着公司这艘大船扬帆起航,创造自己的辉煌。

8. 多动脑筋，节约一分算一分

别以为节约除了"抠"就再无其他方法。其实开动脑筋，节约也大有可为。一些妙招、绝招、高招，都是想出来的。只要愿意去想，愿意开动脑筋，激荡脑力，把自己的智慧和聪明用到节约中来，就会从小事中找到节约的方法，为企业节约大量的支出。

一个衣着光鲜的富翁走进一家银行，从容地走到贷款部。经理热情地接待了他。

"先生，我能为您效劳吗？"

"我要贷款。"这个富翁回答说。

"当然可以，但是请问您用什么担保呢？"

富翁从豪华皮包里取出一大堆股票、债券等，放在写字台上。

"总共是60万美元，够不够？"

"那得看您想贷多少钱了。"

这个富翁回答："我只贷1美元。"

"1美元？"经理诧异地问道。

"嗯，1美元。不可以吗？"

"可以，可以，并没有谁规定不能只贷1美元。不过，您有60万美元的抵押，完全可以多贷一点。您是不是需要考虑一下，您真的是只贷1美元吗？"

"不用考虑了，我真的只需要1美元。"富翁跟着经理办完了手续，从经理手中接过1美元。

"贷款利率为0.6%。1年后归还贷款、支付利息后，我们就会把股票还给您。"经理说。

"谢谢。"

富翁走后经理陷入了困惑，他不明白这个犹太人为什么会用价值60万美元的财物去抵押区区1美元。其实，那个富翁真正的意图并不是贷款，而是为了把他的巨额财产寄存在银行里。因为在美国银行寄存财物是要交保管费的，寄存60万美元的财物所需的保管费非常高。但是，采取贷款抵押的手法，却只要花一点点利息——1美元的0.6%的贷款利息，就把60万美元的财物寄存在银行里了，这样的办法可能也只有精明的富翁想得出来。但是你不得不承认这是一个最保险而且最节俭的方法。一大笔保管费就这样被他脑筋一转，省掉了。

节俭也是需要智慧的，只要多动脑筋，就能把每一分钱的作用都发挥到最大。人的聪明才智是无穷的，只要真正把节约当成自己的事情，努力去想办法，就一定会有办法。从技术上、方法上、质量上、效率上都能寻找到新的突破，找出更多的节约方法。

有一家主营小商品批发的公司，尽管表面上生意兴隆，但每年到年终一结算，总是不盈不亏，利润很少，连续好几年都是这样。几年下来，不但公司规模没有扩大，公司的运转资金也变得紧张起来。公司李经理左思右想也想不出公司盈利能力不强的原因所在。于是他决定降低经营成本，想通过节省开支盈利，却又想不出好办法。

李经理眼看着同乡张经理创办的公司生意越做越大，几年下来分公司都开了好几家，对比一下自己的公司，同样是经营小商品批发，但是差距怎么就越来越大呢？李经理百思不得其解，决定亲自向张经理请教。

原来，张经理的公司在全体员工的共同努力下，对公司商品流通的每个环节都实行了严格的成本控制。公司到厂家运货的运货车不是每次都能装满，公司便将剩余的运力转化为给其他公司托运货物，这一措施成了公司的额外收入，几年下来，仅托运费就赚了将近60万元。

节约出效益

针对采购进货减少库存这方面,公司的采购人员采购货物时严格以市场需求为标准,使存货率降至同行最低,每年大约节约货物贮存费 5 万元,这样累积下来将近 20 万元。

另外,张经理又想到了一个既省钱又能赚钱的办法,公司与供应商签订包装回收合同,对于可以重复利用的包装用品,等到积攒到一定数量后利用公司进货的车辆运回厂家,厂家以一定的价格再回收,这项收入每年能收益 2 万元。

公司为出差人员制定严格的报销标准与报销制度,尽管标准比别家略低,但公司规定可以在票据不全的情况下按标准全额支付差旅费,该项措施为公司每年节约近 5 万元。

在严格的成本控制下,不但公司节约了可观的资金,也培养了员工的成本节约意识,倡导节俭、反对浪费已经成为一种风气……

听完张经理的一番讲述后,李经理很是佩服,这令人叫绝的智慧硬是生生节约并创收出了很大一笔资金。

要想通过节俭取得更好的效果,肯定得多动脑筋,多思考,带来的效益肯定比机械地节省要多得多。实际上,要实现低成本创新,不仅仅是企业老板一个人的想法,而是要把各个环节利用起来组成一个系统,并使这种意识贯彻到每个员工的行动中去。如果每个员工都能开动脑筋,积极想办法为企业节俭,那么企业的利润必定是相当可观的。

第六章 讲究工作方法,智慧工作减少不必要的浪费

真正的节约,不仅要千方百计省开支,更需要想尽办法不浪费。浪费才是利润最大的敌人。员工在工作中要学会智慧工作,多想办法,讲究方法,第一次就把工作做好做对做完美,不让任何浪费发生,才是最好的节约。

1. 科学规划，物尽其用

常言说得好："凡事预则立，不预则废。"意思是凡事都要有计划，有了计划再行动，成功的概率就会大幅度提升。不预也就是没有计划，盲目行动，工作起来就会完全没有头绪，不仅事情做不好，会"废"会失败，还会因此而产生许多的浪费，这显然不利于节约。减少浪费，一定要预先规划自己的工作，按照最高效的步骤，不慌不忙，不等不拖，有条不紊地去做，减少不必要的重复，不做任何无用功，才能节省时间、资源，使工作效能最高，不产生浪费。所以，不管做任何工作，都要从科学规划、有序计划开始。

工作规划，就是对自己的工作将要做什么、怎么做、做成什么样等事项的提前安排，即对工作内容、步骤、目标等的规划。简言之，"规划"是未来行动的方案，指导下一步该做什么、怎么做。有了计划，就会为我们提供做事的优先顺序，让你可以在固定的时间内，完成需要做的事，从而避免浪费。

要为自己的工作做一个好的规划，也要讲究科学的方法。不然，本身就不合理的计划不仅不会减少浪费，反而会增加浪费。所以按照 SMART 法则来设定目标，就会有效地避免计划的不合理或是成为一种不可能实现的空计划。实现的可能性就大大增加了。

SMART 法则是制订科学合理的工作计划的重要方法。SMART 由五个英文字母构成。

S——Specific：目标要具体。

比如，计划目标——"增强客户意识"。这种对目标的描述就很不明确，因为增强客户意识有许多具体做法，如减少客户投诉，提升服务的速度，使用规范礼貌的用语，采用规范的服务流程，是客户意识的一个方面。

有这么多增强客户意识的做法，我们所说的"增强客户意识"到底指哪一块？不明确就没有办法评判、衡量。所以要修改，比方说，我们将在月底前把前台收银的速度提升至正常的标准，这个正常的标准可能是两分钟，也可能是一分钟，或分时段来确定标准。这样才具体可行。

再比如"做一个勤奋学习的人"，不是一个具体的目标。"学习更多管理知识"更具体一些，但还是不够具体。"学习更多人力资源管理知识"又更具体了一些，但是还不够具体。怎样才具体，要加上第二点——M。

M——Measurable：目标要可衡量。

要可衡量，就是要更明确具体到数字或是量化的指标上。比如，"为所有的老员工安排进一步的管理培训"。"进一步"是一个既不明确也不容易衡量的概念，到底指什么？是不是只要安排了这个培训，不管谁讲，也不管效果好坏都叫"进一步"？

这样的计划就需要改进，需要准确地说明，在什么时间完成对所有老员工关于某个主题的培训，并且在这个课程结束后，学员的评分在85分以上，低于85分就认为效果不理想，高于85分就是所期待的结果。这样目标才变得可以衡量。再如上面这个目标，把它改成"每天学习一个人力资源管理的知识点"，目标就变得可衡量，也就更具体更清晰了。

所以员工在制定目标时要遵循"能量化的量化，不能量化的质化"，使目标有一个统一的、标准的、清晰的、可度量的标尺，杜绝在目标设置中使用形容词等概念模糊、无法衡量的描述。

A——Actionable：目标要化为行动。

"做一个勤奋学习的人"不是行动，"每天学习一个人力资源管理知识点"是行动。但是，实际上"学习"还只能算是一个比较模糊的行动。怎样才算学习？浏览一遍内容算不算学习？匆匆翻了一遍算不算学习？所以，还可以继续细化为更具体、更可衡量的行动，"每天学习一个人力资源管理知识点，并就收获和体会写出一篇读书笔记"。这样就更具体、更量化、更能促使自己完成了。

R——Realistic：目标要实际。

目标的实际性是指在现实条件下是否可行、可操作。比如，一位员工给自己规划了一个目标：两年之内赚足一百万元。可是就他目前的工资水平而言，每个月才5000元，而且并没有其他可以确定的能够增长收入的途径，那这样的规划就完全没有意义，因为根本就不现实，几乎不可能会实现。这样的计划目标最后只会转化成空想，没有实际的意义，而为了这个根本不可能实现的目标反倒会浪费不少的心思和力气。

T——Time-limited：目标要有时限。

目标的时限性就是指目标是有时间限制的。如计划将在5月31日之前完成某事。5月31日就是一个确定的时间限制。

目标设置要具有时间限制，根据工作任务的权重、事情的轻重缓急，拟定出完成目标的时间要求，定期检查项目的完成进度，及时掌握项目进展的变化情况，并能根据工作计划的异常情况变化及时地调整工作计划。这样才能有条不紊，不因为忙乱而影响工作的质量和数量，造成浪费。

通过"SMART法则"为自己制订具体的工作计划和目标，一旦树立了科学目标，行动就有了明确的方向，从而会避免工作中的各种浪费。

现代社会竞争激烈，每个人都非常忙碌，总结人们的生存状态，一个字就可以概括：忙！但是，到底是在"忙碌"还是在"忙乱"呢？一字之差，对前途和未来却是决定性的。所以，科学合理的规划就非常重要。如果没有好好地规划，时刻处于一种无效率的忙乱状态。把时间浪费在无效的工作上，不仅意味着浪费时间资源，也意味着浪费各种其他资源。

2. 准确决策，把损失消除在发生之前

不论是领导还是普通员工，身处普通还是重要甚至关键的岗位，决策对于减少工作的损失和浪费都至关重要。

比如，一名企业的清洁工，工作只不过就是打扫干净道路、保持环境卫生就行了。看起来这似乎与决策没有丝毫关系，但是，清洁工在工作时决定先从哪里开始第一步、使用什么样的工具和清洁用品，这也是决策，而且这样的决策同样可以影响到工作的效率和成果，影响到是不是可以节约时间、资源，为企业节能，减少不必要的消耗。决策正确，就可以预先消除掉所有不应当发生的损失和浪费。不要认为自己的岗位平凡和普通，就认为决策与自己无关，自己不可能为节能增效出力。其实，节能增效在每一个员工的每一个工作当中，在每一个工作细节当中。

当然，如果身处重要岗位和领导岗位，决策正确的重要性就更不用说了。决策浪费，是最大的浪费。这已经被无数次地证明过了。

某国企一位老总，被职工公认是位清正廉洁的好管理者，平时精打细算，一分钱要掰成两半花。可是这位"好干部"在决策上却听不进别人的意见，因两次拍板失误，盲目上马两个项目而导致失败，造成直接经济损失 100 多万元。职工失望地说，这真是捡了芝麻损失了西瓜。

近年来，企业的兴衰表明，决策的正确与否是事关企业成败的关键，决策失误是企业最大的浪费。

节约成本，降耗增利，建设高效企业，科学、正确的决策才能使高效

有最大的保障，才能把损失消除在发生之前。所以，不论是领导、管理人员、班组长，还是一般的普通员工，都要在做事之前多考虑，多听意见，多做论证，保证决策的正确性，避免浪费和损失。要不然，节约多少也补偿不了因为决策失误而造成的损失。

越是领导，越应当听取多方面的意见，正确决策、科学决策、果断决策，才是最大的节俭，才能真正为企业节约，为社会节约，真正为企业创造效益，为社会增加财富。

普通的员工，也需要时时反省和注重自己的工作决策，哪怕是微小的决策，正确、科学、及时、果断地从大局出发，为企业整体的利益着想，积极为企业增加效益献计献策，也一样可以为企业节约，为社会节约。如果还能在自己的工作决策中精打细算，节约为先，那么企业的降本增效就会更有成效。

3. 提升工作效能，减少资源浪费

要节省开支降低费用，一个重要的方面就是提高效率。在相同的投入下，效率提高了，效益必然也会提高。这不仅为企业增加了利润，也减少了资源浪费。所以，提升工作效能，也是每一个员工在工作中节能增效的有效方法。

有时候人多就是效率低下的标志，所以减员增效也是企业节省开支的常用方法。不要抱怨为什么自己老失业，要认识到这是因为自己不是一个高效能的员工。

工作的方法多种多样，要提高工作效率，就必须采用科学的方法，才能为降本增效助力。下面就专门介绍一些能提高效率的工作方法。

(1) 改进原来不合理的工作方式

原有的工作方法未必就是最好的工作方法。对原有的方法进行认真分析，找出那些不合理的地方，加以改进，使之与实现目标的要求相适应。也可在明确目的的基础上，提出实现目的的各种设想，从中选择最佳的手段和方法。

(2) 统筹安排

能力再强的人，如果没有明确工作顺序，就开始埋头于工作之中，也会把工作弄得一团糟，连原有的能力也无从发挥。这样，就更谈不上高效能地工作了。

比如，木工师傅的箱子里，各种工具排列有序，不同长度的钉子分别放好，使用起来随手可得。每次收工时把工具放回固定的位置同把工具胡乱丢进箱子里所费时间相差无几，效果却大不一样。

(3) 合并处理，分类解决

如果有两项或几项工作，它们既互不相同，又有类似之处，互有联系，实质上又是服务于同一目的的，就可以把这两项或几项工作结合为一，利用其相同或相关的特点，一起研究解决。这样自然能够省去重复劳动的时间。

(4) 适当休息

尽可能把不同性质的工作内容互相穿插，避免打疲劳战，如写报告需要几个小时，中间可以找人谈谈别的事情，让大脑休息一下；又如，上午在办公室开会，下午可以跑业务。

(5) 经常性问题，统一处理

即用相同的方法来安排那些必须时常进行的工作。例如，记录时使用通用的记号，这样一来就简单了。对于经常性的询问，事先可准备好标准答复。

每一位员工都是企业整体价值链条中非常重要的一环，因为节约终究还要靠每一个员工才能完成，因此，员工对工作要有强烈的责任心，要认真负责，提高工作效率，时时把节约放在心中，随时随地为企业节约资源，增加收益。

当然，光有这样的想法，是不可能达到节俭的目的的，关键在于行动，在于找到合适的方法，使资源、能源、人力和时间都能效率最大化，从而有效地为节约出力。这样的员工，才是真正节约型的员工。

4. 第一次就把工作做到最好，减少返工浪费

大家都知道，返工是浪费资源也浪费时间的，要节省能源、物料、时间，一个好办法就是一次性地把事情做到最好，一次就达到最高的质量标准和要求，减少残品、次品和废品的产生，就是有效的节约方式。

一次做对不仅是一种理念的创新，更是一种在工作中节约的捷径。在这个竞争日趋激烈的时代，要想赢得企业持续长久的发展，我们必须敢于向浪费发起彻底的挑战。

现在许多公司将相当于营业额的20%、30%甚至更高的费用，用在测试、检验、变更设计、整修、售后保证以及其他有关产品质量的相关成本上面。如果不能把工作一次做到位，就会产生浪费，产生损失，就会增加材料、人力和时间的消耗。生产一件劣质产品意味着企业将要付出几倍于产品生产成本的代价，如果能够"一次做对"，就可以消除因返工或返修而带来的所有成本并避免更大的浪费，这其实是一种最节省的工作方式。

作为一个节约型员工，"第一次就把事情做对"应当是深入心底的一种理念。一位著名企业家说过："给企业造成严重浪费的行为，就是员工不能第一次就把事情做对。"

有位广告部经理曾经犯过这样一个错误，由于完成任务的时间比较紧，在审核广告公司回传的样稿时不够仔细，在发布的广告中弄错了一个电话

号码——服务部的电话号码被广告公司打错了一个数字。就是这么一个小小的错误，给公司带来了一系列的麻烦和损失。后来因为偶然的因素使他发现了这个错误，他不得不推迟其他的工作并靠加班来弥补。同时，还让上司和其他部门的同事陪他一起忙了好几天。幸好错误发现得及时，否则造成的损失必将进一步扩大。

  在工作中，如果没有第一次就把事情做对，所生产的产品不符合质量标准，或提供的服务不符合客户要求，有了缺陷，这一缺陷就会给企业带来损失。其实，那些浪费在补救措施上的时间、金钱和精力都可以避免，只要我们能在工作中做到"零缺陷"。

  如果不能保证"零缺陷"，必然就会"有缺陷"，就无法避免产生废品、残品、次品，而这些不合格产品的产生必然会减少合格产品，就不得不再耗费材料、资金、时间、人力等重新生产，这难道不是浪费吗？

  保证生产质量，减少废品、次品，对于节能增效非常重要。所谓废品，是指达不到质量要求不能使用只能销毁的产品；而次品是指质量不符合规定标准，不能按照原定用途使用，或者只能在加工修复以后才能使用的产品、半成品或零部件。废品和次品都会造成生产的损失，不仅白白耗费了生产资料、物力、人力，还会因此产生库存、销毁或修复及重新生产的费用。可见有效控制废品率，就是节能增效了。

  要做到"零缺陷"，可以从以下方面来改进。

  （1）做好事前控制，不合格的原材料不准投产，不熟练的工人不得上岗，不符合要求的设备不得运转。

  （2）做好标准化工作，要围绕产品质量标准，建立原材料标准、半成品标准、备件标准、工艺标准和检验方法标准等一整套标准，并严格贯彻执行。

  （3）建立质量责任制，做到质量工作事事有人管，人人有专责，办事有标准，工作有检查，形成一个严密的质量保证体系。更重要的是在企业内部，需树立起"质量第一"的思想，要求全体员工都来关心产品质量，严格把住产品质量关。

质量不仅是企业的生命,也是节能增效的重要内容。每一个员工都应当有这种"零缺陷"的思想,并以此促使我们不断改进工作方式,不断完善专业技能,不断寻求最佳的利用资源的方法,从而为企业节约更多的资源,创造出更多的财富,消除不必要的浪费,真正打造出优质、高效的产品,为企业创造更多效益。

5. 善于废物利用,避免资源浪费

有很多大企业,实力雄厚,发展迅猛,对生产经营过程中的很多的浪费并不太在意,认为这对于企业来说,算不得什么,不值得为这些废品或是一点浪费操心,致使大量的资源浪费掉了,这是非常可惜的。目前全球性的资源紧张、价格高涨,像国际铁矿石的价格翻了一番,其他有色金属价格也不断提高,国际粮食价格也不断提升,国际石油的价格也大幅度攀升,企业的生产成本越来越高。企业要在激烈的竞争中赢得胜利,只有从内部节约开始,降本增效、增强实力。所以,不要轻视那些不起眼的小浪费,更不要把那些所谓的"废品"白白扔掉,有些东西看似是无用的"废品",但只要我们去合理地利用,就会成为闪光的"宝贝"。这才是现在我们提倡的循环经济的真谛。

国内一家食品生产集团公司坚持以白酒产业为中心,向上下游纵向延伸,形成生态农业、包装制品、生物化工、饲料、养殖等产业,实现了集团发展资源的内部供给、内部消化。不仅降低了生产成本,实现了利益的最大化,还实现了资源的循环利用。成为发展绿色农业,低碳经济的典型。

从单纯的白酒生产,到由种植开始的资源循环利用,生产绿色食品,

资源每循环一次，效益就增加一次。从酿酒、玉米浆等生产后的副产品酒糟、生产玉米浆饮料的下脚料及玉米棒芯、秸秆，生产乙醇的红薯废料薯渣为原料，加工成全混饲料。每年生产的 4 万吨饲料又被年出栏万头生猪的养殖场及鸡、鸭、鱼所消化。年产 20 万吨的有机肥料项目，又将养殖产生的粪便变成肥料，回到绿色种植中。年创销售收入上亿元。

这种"绿色种植→食品加工→全混饲料→规模养殖→有机肥料"五级循环模式每年可以创造上亿元的利润。

不仅是"废品"可以变废为宝，增收节能，还有废置闲置的一些资产，也可以大大地利用起来，发挥它们最大的效用，为企业增收，为员工谋利。

比如，企业在筹资和经营活动中，经常会产生大量的现金，这些现金在转入资本投资和其他业务活动之前，通常会闲置一段时间。这段时间往往不长，有时甚至只有几天时间。即便如此，如果对于这些暂时闲置的资金采取积极的现金管理，短期内也可以为企业创造可观的收益。

企业闲置的一些固定资产，比如一些厂房、设备、机器等。企业可以从多个方面入手，来全面盘活。

（1）开展租赁业务，进行闲置资产的再利用

企业重组改制造成的闲置资产，可以通过寻找租赁市场，开展租赁业务，进行闲置资产再利用。资产租赁不仅可以解决重组后的存续企业和股份公司所面临的资金短缺问题，而且可以提高企业整体的经济效益，加快企业的发展。

（2）实行个人承包，减少企业投入

对于闲置的资产整体完好无损、有可利用价值，但对企业生产的前沿产品来说已不需使用的设备，以及因企业改制造成的不需使用的房屋、场地等，可实行个人承包，减少企业投入。

（3）加强对外投资，寻找合作伙伴

对于企业内部不需要但整体完好的、无损坏的闲置资产，可以对外投资，积极寻找合作伙伴，尽量把闲置资产利用起来，并取得相应的投资收益。

（4）进行资源再配置，发挥最大效能

对于集团来说，母公司可以把各子公司不适用、不需使用的闲置资产在集团内部进行互相调剂，相互调拨，起到优化资源配置的作用。充分利用企业资产，创造经济效益，从而提高集团整体的生产能力，以增强抗风险能力。

（5）适当进行资产置换，节约货币资金

对于生产上需要的存货或设备，可以利用现有的闲置资产进行置换，以节约企业的货币资金。例如，某省某轻工进出口公司以一批轻工物资交换俄罗斯某公司的一批钢材；某汽车销售公司以数辆汽车交换木器加工公司的一批办公家具等。

（6）面向社会，公开拍卖

企业因破产或倒闭，造成的资产闲置，可以通过中介机构进行拍卖，或者对于已经过时的，在企业的生产经营过程中不需使用的存货，也可以在市场中降价销售，增加企业的现金流量，从而使其在社会的大环境中进行资源合理配置。

（7）申请报废，确认损失

通过采取一定措施，仍不能给企业带来预期经济利益，且无变现价值的闲置资产，可申请报废，以减少人工费、场地费的支出等。

在闲置资产的处理过程中，还要视企业当时所处的具体环境具体对待，如果闲置资产处理好了，企业则可以甩掉包袱，轻装上阵，使企业现有资产高速、高效运转，减少资源浪费。

6. 科学节能,利用EMC机制减少能源浪费

我们所提倡的节约,是在达到基本生产目的和生活需求后的节约,并不是偷工减料或是降低生活标准,而是减少不必要的消耗和浪费,用最少的资源创造最大的价值。这就需要我们科学节能,重点规划,把资源集中在最具有生产力的领域,而不是盲目地减少投入,在一些细小的枝节上斤斤计较,影响生产,到最后反而得不偿失,这就不是科学有效的节约方法了。

科学节能,就是要依靠科学的方法,使能源效益最大化。目前正在大力推广的EMC(Energy Management Contract),即合同能源管理,就是有效的节能方法。

EMC是20世纪70年代在西方国家发展起来的、基于市场运作的节能新机制。EMC是一种以节省能源费用来支付节能项目全部成本的新型市场化节能机制,其实质是节能服务企业对用能企业投资,改造用能企业的用能设备或技术,并以节省下来的能源费用为收益与用能企业分享。这种节能投资方式允许客户用未来的节能收益为工厂和设备升级,以降低目前的运行成本;或者全部由节能服务企业投资,改造或购买所有设备,提供一切技术,达到节能目标后,再以合同约定的比例和用能企业分享节能收益,收回投资成本并获取一定利润的服务方式。

说得更简单一点就是,用能企业不花一分钱,享受节能服务企业的节能服务后,从节省的能源收益中支付节能服务企业提供的设备及改造升级费用,并与节能服务企业分享节省下来的能源收益。

比如,某企业上月的电费是100万元,经EMC节能服务企业改进工艺、

监督能耗或改进设备、更新技术后,使该企业这个月电费下降到了80万元。那么用电企业就可以与EMC节能服务企业按合同约定的比例分享这20万元的节电收益。

由于节电工程设备完全由EMC节能服务企业投资建设,维护、管理和技术保证也都由EMC节能服务企业提供,用电企业不需要任何投资,却能享受节电的收益,并且在合同期满以后,所有的节能设备会全部无偿地移交给用电公司,之后的所有节电收益也全部归用电公司所有。用电企业等于是"无本万利",零投资、零风险就能坐享其成,因而更乐于接受这样的节能方式,也有利于调动用能企业的节能改造积极性,更好地推广节能技术。

同时,由于在EMC运营过程中,也就是能源管理的合同期间,投资和风险都由能源管理服务公司承担。所以节能服务企业会用最先进的技术和设备,来保证节能效益的最大化,也让自己从节能效益中回收设备投资的成本并分享到更多的利润。

很显然,合同能源管理是一个双赢甚至多赢的节能模式。收益最大的是用能企业,既不需要投资一分钱,也不需要投资任何人力,更不需要专门去研发节能技术,就能安享节能带来的收益,既省力、省钱、省心,又能获得可观收益,何乐而不为呢?节能服务企业则能从投资设备和技术中获得高额的节能收益回报,同样是赢家;对社会发展来说,这样的模式当然更有利于节能减排、保护环境,维持可持续的发展,更是赢家。

正因如此,近些年合同能源管理在我国发展很快,势头可喜。2010年8月国家颁布了《合同能源管理技术通则》和制式合同,将合同能源管理规范之后,行业发展更为迅猛,速度惊人。不仅运用合同能源管理模式的用能企业多了,节能服务企业也大量崛起,能源管理服务更优质,技术更先进。越来越多的用能企业愿意采用这样的方式来达到双赢甚至多赢的节约目标,节能效益也越来越可观,合同能源管理模式在企业中也越来越普及。

比如由北京一家节能服务企业实施的某钢铁集团有限公司煤气资源综合利用发电工程合同能源管理项目,由节能服务公司投资3.2亿元改造建设,双方分享节能收益。

工程建设完成后,净增发电量2.86万千瓦时,按年运行8000小时计算,年净增发电量2.28亿度,年节能收益达到26411.09万元。除去年消耗8124.8万元后,每年还可分享节能收益18286.61万元。

按照合同约定,这些效益由双方按比例分享,分享期为39个月。分享期内,投资方节能服务企业分享85%的项目节能效益,用能企业分享15%的项目节能效益,节能服务企业分享效益总额为40800万元。如果在分享期的39个月内达不到40800万元的分享收益时,分享期限顺延,直到达到分享40800万元时结束。如果节能服务企业提前获得40800万元的收益,也算收益期满,合同结束,那么合同项目下的所有节能工程的权利义务自动转让给用能企业。

这种模式也是最常见的合同能源管理项目模式。近几年合同能源管理发展很快,不仅像这样取得可喜收益的节能项目比比皆是,而且节能管理项目、节能服务企业和用能企业,都有较大的增长。据一份《中国节能服务行业分析报告》数据显示:截至2019年底,全国节能服务企业总数达6547家,而在2010年,还仅仅有400多家;节能服务投资额迅猛上涨,2019年达到1141亿元,比2005年的13.1亿元增长了80多倍,并且依然呈现增长趋势;节能服务产值规模持续扩大,2019年达4500多亿元;节能从业人员也不断增加,行业从业人数达76.10万人,而且还在呈上涨趋势。

可以肯定,未来几年甚至更长一段时间内,EMC节能模式将是企业节能的首选模式,合同能源管理市场将保持足够活跃,市场供求规模还会不断扩大,节能技术不断提升,会使能源效益越来越高,由此带来的节能收益必然会越来越可观,合同能源管理市场潜力巨大,必定为企业节能增效带来更多助力。

7. 利用节电技术，节省工业用电

企业是用电大户，也是节电主力军，企业用电量相当于全国总用电量的 70%，相对于普通百姓的生活用电，企业节电显得更加重要而紧迫。

那么，作为企业的员工，就有更多的责任为企业节约电能出力，就要努力掌握先进的节电技术、利用先进的节能设备，节省每一度工业用电，利用好每一度电，使每一度电都能产生最大的效益才行。

企业的节电，可以从以下方面来进行。

（1）选用高效的电动机，利用电动机节电技术

高耗能企业一般应用的电动机数量多、耗电量大，多数企业电动机用电占电力总耗的 70% 以上，因此，电动机的节电大有可为。我国工业用电约占总用电量的 70% 左右，其中电动机的耗电量又占企业总用电量的 60%，如果现有电动机能够达到世界先进水平或采用变频技术，则每年可节约电量近 600 亿度。

此外，要合理选择电动机的容量。若电动机容量过大，虽然能保证设备正常运行，但投资大，功率因数和效率都很低，会造成大量浪费。从节电角度看，80% 负载时运行效果最佳，此时能量利用效率最高。

（2）采用变频调速技术

变频调速可以实现普通异步电动机的无级调速，调速范围大，静态稳定性好；启动电流小，减少了电源设备容量；启动平滑，消除了机械的冲击力，保护机械设备；具有显著的节电效果，节电率一般为 20%～50%；对电机具有保护功能，降低了电机维修费用。

在生产中，泵类设备往往出现"大马拉小车"的情形或出力不稳定的

情况。可以通过变频调速调节流量，使泵类设备运行平稳，并能达到节电效果。

（3）利用变压器节能

降低变压器的功率损耗，合理选择变压器的负载率，采用高效节电的新型变压器，是变压器节能的有效途径。

（4）提高压缩空气系统能效

根据现场空气消耗量、压缩空气品质、工作压力合理选择适当而又高效的空气压缩机。另外可以加装变频器控制电动机转速，避免电动机频繁启动，达到节电增效的目的。

（5）选用高效风机、水泵

对于280千瓦以下中小容量的风机、水泵、压缩机，在需要调速的工况下，采用低压变频调速技术，调速范围大，调速精度高，节电20%～50%。对于280千瓦～6000千瓦中大容量的风机、水泵、压缩机，在需要调速的工况下，采用高压变频调速技术。这一技术适用于电力、冶金、煤炭、建材、机械等部门，其节电率一般为25%～40%。

（6）采用无功补偿技术

对于企业和厂矿中的电动机等容量较大、负荷平稳且经常使用的用电设备无功负荷应优先采用随机补偿，提高功率因数，改善电压质量；照明用的节能荧光灯也应采用随器补偿；在变压器负荷侧装设安无功功率自动分组投切的集中无功补偿装置；大型企业可分散装设在各车间，随无功负荷自动投切。

（7）提高系统功率因数

适当提高系统的功率因数，能够改善电压质量，减少无功传输，提高用电设备的工作效率，以达到节电目的。提高电力系统的功率因数，不添置任何补偿设备，采用降低各用电设备所需的无功功率，减少负载取用无功来提高企业功率因数的方法，它不需要增加投资，是最经济的提高功率因数的方法。

（8）减少线路能量损失

由于输电线路存在电阻，有电流通过时，就会产生有功功率损耗。一家企业使用的各类导线、电缆不计其数，所以线路的总有功损耗是相当可观的，减少线路损耗就可以节电。

（9）生产中尽量选用节能灯具，节省工业照明用电

每一家企业都有许许多多的照明电灯，虽然每只灯具用电不多，但是用电量的累加却是一个大数字，因此，节约照明灯具的用电大有可为。

选用高效光源。光源是照明技术的核心，采用高效光源可以取得显著的节电效果。例如，办公室在工作前、休息时间、下班后自动熄灯或熄灭部分照明，楼道灯光延迟片刻自动熄灭等。光控开关、声控开关等可以利用光传感器和声传感器来控制照明器具的开关，从而达到节电的目的。因此，大力推广节电开关，可获得积少成多的节电功效。

采用电子镇流器。采用电子镇流器，其损耗可比电感式镇流器低30%，而且全灯的功率因数也提高到0.85～0.90，从而大大降低了配电、损耗。电子镇流器在高频范围内工作，不仅消除了闪频效应，也提高了灯管发光效率，并延长了使用寿命。因此，采用电子镇流器是节约照明用电的有效措施。

（10）养成随手关灯的习惯

员工养成随手关灯的习惯，是节约照明用电的重要方式。许多人不重视照明灯具的随手关闭，如有人打开卫生间的电灯后忘了关闭，卫生间里的灯就变成了长明灯，走廊里的灯也有类似的情况。还有的人只要一到办公室，便将所有的灯都打开，这些都是浪费电能的很不好的习惯。因此，企业的每名员工都应养成随手关灯的良好习惯，不开长明灯，白天尽量利用自然光，这样在无形中就能节省不少电能。

经过这些改善，一般工业企业的用电量可以大幅节约40%以上。

8. 推广水循环利用,把生产水耗降到最低

目前世界面临着严重的水危机,我国的水资源短缺问题与世界相比更加突出。我国是一个干旱、缺水严重的国家,淡水资源总量为28000亿立方米,占全球水资源的6%,仅次于巴西、俄罗斯、加拿大,居世界第四位。但人均只有2200立方米,仅为世界平均水平的1/4,在世界上名列第121位,是世界上13个人均水资源最贫乏的国家之一,可见节约用水势在必行。

工业企业不仅是用水大户,更是污水排放的大户,利用节水技术减少清洁水的消耗、加强生产间水的循环利用、降低生产水耗、减少污水废水排放,都是紧要而急迫的任务,是每一个工业企业都需要努力去解决的问题,更需要每一个员工作出努力。

其实,现在的水循环利用技术已经提高了很多,可以选择的技术也很多,都可以收到很好的效果,而且对于减少污水、废水的排放,都非常有用。

以耗水大户和污水排放大户石化企业为例,利用节水和循环利用技术可以大幅度地减少水耗、减少排放。

我国石油化工企业都是大型联合企业,用水量大、污水排放多。目前尽管节水减排工作取得了可喜的成效,但是我国石油化工行业每年污水排放量仍达8亿吨以上,而目前的污水回用率仅为30%。

目前对石化企业实施节水减排的措施除了企业对用水系统进行整体规划、改变废水回用观念外,在完善用水工艺、开发废水回用技术,完善并推广节水减排理论的工程应用方面,也有了根本性的改变。

在完善用水工艺方面，主要为循环冷却水的使用水平。循环冷却水系统是石化企业重要的公用工程系统，也是石化企业最大的用水单元，一般循环水系统消耗的水量占工业用水量的2/3，甚至更多。实现循环水系统的节水运行与管理，需要在保证生产装置对循环水科学合理的需求基础上，通过采取有效的工艺和措施，降低蒸发损失量、减少排污量、控制风吹损失、杜绝渗漏损失，或者通过替代水源减少总补水中的新鲜水耗量，以取得节水的效果。

污水回用是企业节水的重要途径。污水回用是利用企业二级达标排放的污水，经过深度处理后，回用于循环水系统。除回用二级达标排放的污水外，石化企业还有一些废水水源可以考虑应用，如自建水厂的排放水。另外，循环水系统自身的排污水也是可以考虑再利用的一个水源。

冷凝液的回收也是水循环利用的一个重要方面。各企业生产装置规模不同，每小时所产生的冷凝液在几十吨或几百吨不等。一般冷凝液的水质都较好，除了在装置内直接利用的部分冷凝液外，仍有大量高温冷凝液无法直接利用，如果简单地排放，不仅会造成热污染，而且也浪费了宝贵的水资源，因而回收利用是很好的节水途径。

回用冷凝液，必须充分考虑到其高温、低盐的水质特性及非正常状态下可能存在的物料泄漏问题，做好相应的水质监测和回用预处理。高温冷凝液回用于离子交换脱盐水工艺时，需配套建有活性炭吸附和高温冷凝液降温设施，并要注意冷凝液的使用对脱盐水进水水质的影响。

除了技术上、设备上的节水，每一个员工在平常的工作中转变观念、自觉节约用水，也是企业节约用水、减少水耗的重要内容。

对于企业员工来说，最要紧的节约用水措施，就是提高水的利用率，减少浪费。为此，员工应努力做到以下几点。

（1）尽量采用低流量水龙头

如果装上低流量的水龙头，至少可以将水流量减少一半。而且，这种装置在水流出的同时，能够压入空气，维持适当的水流速度，使洗涤效果不受影响，不失为节水的一个好方法。

（2）阻止滴漏

在日常工作中，水龙头滴水现象似乎司空见惯。然而实验表明，一个水龙头如果一秒钟漏滴一滴水，一年便滴掉 360 吨水，而我国多数企业输配水管网和用水器具的漏水损失高达20%以上，仅便器水箱漏水一项每年就损失上亿立方米的水。

当每次用完水后，请别忙着走开，只要用一秒钟留意一下水龙头是否关紧了，你就可以安心了。

如果水龙头有滴漏的话，请及早维修。在难以买到新的橡皮垫圈的情况下，可用小药瓶的橡胶盖剪一个和原来一样的垫圈放进去，就能够保证水龙头一滴水都不漏。

（3）加装有弹簧的止水阀

有时，水未经使用就白白地流掉了，真是太可惜了。如果水龙头加装有弹簧的止水阀，或能够自动关闭水龙头的自动感应器，就可以避免这样的事情发生。

 9. 利用余热资源，降低能源消耗

余热资源是指在目前条件下有可能回收和重复利用而尚未回收利用的那部分能量。在各种生产过程中，往往会生成具有热能、压力能或具有可燃成分的废气、废汽、废液等产物，在不少化学工艺过程中，还会有大量化学反应热释放出来。这些带有能量的载能体都称为余能，俗称余热。这些余热资源可用于发电、驱动机械、加热或制冷等，因而能减少一次能源的消耗，并减轻对环境的热污染。

按余热资源的来源不同可划分为六类。

（1）高温烟气的余热。某些工业窑炉的高温烟气余热甚至高达炉窑本身燃料消耗量的30%~60%。它们的温度高，数量多，回收容易，约占余热资源总量的50%，是可以充分利用的余热资源。

（2）高温产品和炉渣的余热。我国每年由冶金炉渣带走的热量相当于2兆吨标准煤。从每吨热焦炭中可回收的热量相当于40kg标准煤，每吨热钢坯可回收显热67MJ（22.9kg标准煤），相当于加热量的1/4。现在炼钢工业中采用的干法熄焦、连铸、热装连轧等新工艺，就是回收这部分余热。高温产品和炉渣的余热约占余热资源总量的4%~6%。

（3）冷却介质的余热。如冶金炉的冷却介质余热占燃料消耗量的10%~25%，高炉占2%~3%，凝汽式发电厂各种冷却介质带走的热量约占其燃料消耗量的50%。

（4）可燃废气、废液和废料的余热。生产过程的排气、排液和排渣中，往往含有可燃成分。这种余热约占余热资源总量的8%。如转炉废气、油厂催化裂化再生废气，炭黑反应炉尾气、造纸生产中的纸浆黑液，以及煤焦油蒸馏残渣等。

（5）废汽、废水余热。这是一种低品位蒸汽及凝结水余热，凡是使用蒸汽和热水的企业都有这种余热，这部分包括蒸汽动力机械的排汽（其余热占用汽热量的70%~80%）和各种用汽设备的排汽，在化工、食品等工业中由蒸发、浓缩等过程产生的二次蒸汽，还有蒸汽的凝结水、锅炉的排污水以及各种生产和生活的废热水。废水的余热约占余热资源的10%~16%。

（6）化学反应余热。例如硫酸制取过程中利用焚硫炉或硫铁矿石沸腾炉产生的化学反应热，使炉内温度为850~1000℃，可用于余热锅炉产生蒸汽，约可回收60%。据估计，冶金部门总余热资源占其燃料消耗量的50%以上，机械、化工、玻璃、搪瓷、造纸等企业占25%以上。

这些余热都是可以利用的。石油工业50%以上的能源消耗是通过各种油加热炉和蒸汽锅炉的烟气热、空气冷却器和水冷却器被排放而损失掉的，其中相当一部分还比较集中，可以利用。

化工工业所消耗的能量约占总能耗的20%，但其能量利用率不高，因而可回收的余热资源也很可观。比如一套年处理量为240万吨的大型催化裂化装置，可供回收的能量达2万千瓦，除了可满足本装置主风机需要的巨大动力以外，尚有余力发电，供全厂使用。

机械工业行业中有各种加热设备及炉窑，余热资源也相当丰富，例如锻件加热炉的烟气温度高达1000℃以上，可利用余热锅炉产生蒸汽。

其他工业如造纸、玻璃、建材、丝绸、纺织、食品等工业部门均有丰富的余热资源，例如各类工厂供热系统产生的凝结水，以往多数不回收，由此造成的燃料浪费达8%。又如一些设备和部件的工业冷却水，水温为35~90℃，是极为广泛的低温余热资源。

余热的回收利用方法，随余热源的形态（固体、液体、气体、蒸汽、反应热）和温度水平（高温、中温、低温）等各不相同，但总体可分为热回收（直接利用热能）和动力回收（转变为动力或电力后再用）两大类。从回收技术难易程度看，利用余热锅炉回收气、液的高温余热比较容易，回收低温余热则比较困难。在回收余热时，首先应考虑到所回收余热要有用处和在经济上必须合算。如为了回收余热所耗费的设备投资甚多，而回收后的收益又不大时，就得不偿失了。因为，在能源管理中，企业的注意力首先要放在提高现有设备的效率上，尽量减少能量损失，绝不要把回收余热建立在大量浪费能源的基础之上。如果一个企业不去充分发挥现有设备的运用效率，主要靠回收损失能量来减少能源消耗，是不合适的。

所以，作为企业员工，不仅要掌握必要的余热回收技术，还要在如何更多更好地利用余热资源上动脑筋，下功夫，勇于创新，发明创造，为企业回收余热献计献策，也为企业的节能增效做贡献。

第七章 提高工作效率，效率高浪费自然就少

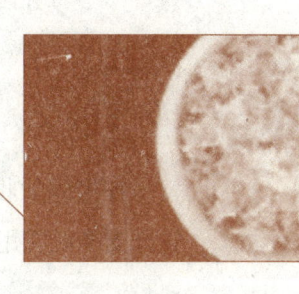

效率越高，说明资源的利用率越高，浪费越少。员工在工作中要有效率意识，不论是日常工作，还是召开会议，沟通交流还是团结协作，都要以效率为先。只有把效率提上来，才能把浪费减下去。

1. 效率越高，费用相对越少

在相同的收益下，效率提高，费用就会降低，这是可以肯定的。要节省开支降低费用，一个重要的方面就是提高效率。

有这样两家小型面粉厂，甲面粉厂有66名员工，每天处理小麦1500吨。乙面粉厂的机器设备比甲面粉厂先进，管理者也是从甲面粉厂聘请的，有员工155名，但每天处理小麦的量还不到500吨。也就是说，甲面粉厂66名员工创造的业绩相当于乙面粉厂155名员工的3倍。

乙面粉厂需要支付的是155名工人的工资和其他福利开支，却只有500吨小麦的收益，甲面粉厂只有不到一半的人员却能创造出比乙面粉厂多3倍的效益来。哪个企业更兴旺，更有前途，一目了然。

为什么会有这么大的差距呢？究其根源就在于效率。调查显示，一位员工在一天的工作时间中，真正能为公司创造利益的部分，也就是所谓有附加价值的部分，大约只占全部上班时间的50%，剩余50%的时间可能是在喝茶、聊天等不产生效益的事情中度过的。所以，一个公司不能雇用过多的人，而又必须提高员工的做事效率，以达到用最少的人做最多的事的目标。

有时候人多就是效率低下的标志，所以减员增效才成为近几年的一个热词。企业高效运转的关键在于人尽其用，人人都发挥出最大的效用。人浮于事必然效率低下，人多了当然要减员，合理减员可以增效。

当然，提高效率不仅仅在于裁员，还有多种方法可选。改进流水线工艺和设备，合理安排生产时间和任务，利用高科技精密控制质量，加强培训、提高员工生产技术水平，以及提升员工责任心和敬业度，都可以提高工作效率，花最少的钱办更多的事，获得更多收益。

那企业该如何破解人力成本居高不下的局面、尽量降低人工成本提高企业效率呢？

（1）减员增效

这是企业降低人工成本最常采用的方法。不过减员增效不是单纯地为了减几个人，其目的在于增效。增效，一是效率的提高。通过减员，克服人浮于事、效率低下的现象，实行优胜劣汰、择优上岗、人尽其才、提高劳动生产率，真正实现人力资本的增值。二是效益的提高。通过减员，降低人工成本，以最少的投入取得最大的产出。从经验来看，无疑是有效的。

比如某1000人的企业以前的人工成本总额1.8亿元，其中工资总额占81.5%，社会保险费用占8%，职工福利费用占4.4%，职工教育经费占1.3%，劳动保护费占1.8%，职工住房费占1.6%，其他人工成本占1.4%。

由于经营艰难，订单稀少，不得不裁减人员300人，人工成本立即下降了4500万元。到下半年复工之后，人员并没有增加，但企业的生产量、销售额都和上一年同期持平，那么很显然，人工成本得到了极大的降低，利润率就会被迅速抬高。

不过，减员增效一定要合理且合适，才能达到降低成本增加利润的效果。有的企业为了减少人力成本开支，大幅裁减员工，那注定是"舍本逐末、杀鸡取卵"的方法，实际上根本就无法解决企业的生存和竞争压力，反而可能导致企业走向内外交困的死胡同，最后得不偿失。

减员增效的关键在于增效而不在于减员，因而最好的降低人工成本的方法还是提高人力运用效率。

有的企业培养多能工，倒不失为一个好办法。多能工的目的是让其中一部分员工能掌握多个岗位的工作技能，达到一人多岗，一岗多人的通才。多能工可以帮助企业降低人力成本且效果突出。一人多用、一人多岗，不仅能充分发挥员工的潜能，而且使员工增加了收入，但企业总的用工成本却降低了。

（2）控制工资总量，搞活内部分配

效率优先、兼顾公平是市场经济下企业的分配原则，只有充分发挥工资的约束机制、调控机制和激励机制的作用，才能得到投入产出的最大效益。工资不是福利，而是一种投入，投入的目的是有效益，盲目地攀比工资水平，不注重工资效益，不注重人工费用，最终会导致人工成本上升。工资总额不可以也不可能一味追求提升，只有在控制其总额的情况下，充分发挥其约束、调控和激励的作用，才能搞活内部分配，提高企业的人工效率。因此，工资总量要适度，要符合工效挂钩的原则，实行差异性工资，建立工资能升能降的机制，促进人尽其能，充分挖掘员工的潜能，形成员工"高工资高效率"的模式，实现一面提高员工工资，一面降低人工成本的目标。

（3）科学定员定额，优化劳动组织

加强定员、定额的管理，达到双优化，通过减少劳动投入、提高产出来达到降低人工成本的目的。如果定员定额不科学，达不到高效率和满负荷，劳动力就会造成浪费。因此，要科学合理制定定员定额，要精简机构、撤岗并岗、实行专业化管理。改革传统工种概念、实行大工种、区域作业，培养一专多能、操检合一的优秀技术工人，使劳动力真正得到解放，以少而精的人才消耗来取得企业最大的经济效益。

（4）灵活用工，降低人工成本

随着经济结构的不断调整，新型业态和行业不断涌现，新的用工方式也不断显现。比如网约车司机不是被滴滴雇用的员工，自媒体人不是被今日头条雇用的员工……他们之间变成了协作关系，自由职业者的个人价值得到放大，企业也更加节省用人成本。

而随着个体崛起时代到来，灵活用工的企业越来越多并逐步成为众多如服务、餐饮、新零售、互联网企业、物流等行业的新型用工模式。灵活用工区别于固定、全职用工，是企业基于用人需求的波峰波谷，按需雇用人才，参工者也可合理安排自己的主业和副业，以此谋取额外的收入。企业与人才不建立正式的全职劳动关系的全新用工模式，可使人力资源按照需求随时使用，随时停止。不需要付出额外费用，也不需要复杂的入离职流程。企业节省了为固定员工购买保险、发放福利以及扩大办公场所的费用，个人
职业者的价值也可以得到充分发挥，比如近两年涌现出来的"共享员工"，必然会成为未来用工的一个趋势，也是降低用工成本的一个良好途径。

（5）员工人尽其能，努力为企业多做贡献

作为企业的员工，理所当然有义务为企业减少人力成本。当然这不是要求每一个员工主动降薪或是不要薪水为企业白干，相反，劳动就应当有报酬，这是每一个员工应有的基本权利。员工要为企业节省，最主要的就是敬业。一个敬业的员工，也是一个负责的员工，一个忠诚的员工，一个愿意为企业付出的员工。他会自动自发地补位，一个人可以做出两个人的事情来，不会让企业的资源有一丝的浪费；工作上讲究效率，上一分钟班就会做一分钟的事情，绝不会得过且过，混一天算一天；他会时时为企业着想，自动自发，不断创新，为企业创造更多的效益，这本身就是为企业节省了大量的人力成本。

 ## 2. 分清轻重缓急，提高办事效率

要提高办事效率，减少成本，就一定要分清事情的轻重缓急，遵守"急事急办，要事为先"的工作原则，绝不能"眉毛胡子一把抓"。这样不但做起事来井井有条，完成后的效果也不同凡响。

周一一上班，老板让秘书明慧写一个公司上半年的总结，最迟周五要交。明慧于是赶紧查找相关资料，收集重要数据。但办公室的工作总是很杂，一会儿要接待客人，一会儿又要接个电话，一会儿又要急着处理点紧急的事情，于是这忙一下，那忙一下，这儿跑一趟那儿跑一趟，一天很快就过去了总结还没开头。第二天同样如此，到周三了，明慧的总结还只开了一个头，明慧开始慌了，感觉再也不能这样干了，于是让办公室的另一名文员守在办公室，没有重要的事情不要叫她，把自己关进会议室，全心全意开始写这个报告。扎扎实实不受打扰地写了一天，终于把草稿写出来了。

周四，明慧如法炮制，除了接待了一个重要的客户之外，其余时间都在用心修改这个报告，到周五上午，报告就全面完成了。她又仔细检查了一遍，核对了数据后，提前交给了老板。

老板看了很满意，专门表扬了她。明慧这才松了一口气，心中暗暗庆幸自己及时把这件重要的事情做了，要是还像周一周二那样，这个报告无论如何也不能高质量地完成。"要事第一"的工作原则，真是提高效率的高招！

为什么许多人都在勤勤恳恳地做事，但却总是做不出什么成绩呢？其中一个重要的原因是没有安排好工作的轻重缓急，做起事来毫无头绪。工作中分不清主次，找不准重点，没有将最重要的工作放到首位，这样一来，就会将自己想做的、上司交代做的以及自己周围的一些事情统统混杂在一起，自己被拖得不可开交、疲于奔命，忙来忙去就是忙不出个"好"来。所以，分清工作的轻重缓急，坚守"要事第一"的工作原则，是提高工作效率的关键所在。

"分清轻重缓急，设计优先顺序"，是节俭办公提高效率的精髓部分。懂得"要事第一"的员工，都是用分清主次的办法来统筹时间的。巴莱托定律告诉我们："应该用80%的时间做能带来最高回报的事情，而用20%的时间做其他事情。"在精力最旺盛的时候，处理一些至关重要的事情或者最为棘手的事情，会把出错率降到最低的水平。把那些不是很重要、易完成的事情，留在精力稍差时做，出错率也不会增加。这样做事带给我们的自然是事半功倍的效率。

凡事都有轻重缓急，重要性最高的事情应该优先处理，不应将其和重要性最低的事情混为一谈。对于那些零零散散的事务，我们可以先把它们按照"急重轻缓"的顺序，整理好再着手处理。这也应当是节约型员工要坚守的一条工作原则。

 3. 召开高效会议，降低会议费用

开会是企业经常运用的工作手段。无论是企业领导还是普通员工，都需要通过会议来交流信息、制订计划、解决问题、商讨策略、探讨工作等，但问题的关键不是开不开会、开多少会，而在于怎样才能提高开会效率，用最少的时间开有意义的会，用最少的成本开最有效率的会。

大体来说，会议的成本可分为三个方面，即直接成本、时间成本和损失成本。

会议的直接成本也可称为会议花费，这些花费主要包括与会者到达会场的旅行费用、会议期间的住宿费用、交通费用、会场租金费用、相关文件资料费用等。这些花费都比较直观、清晰，也比较容易预估和统计。但如果不注意节俭，就很容易造成浪费。

在许多企业的内部，会议的纸张浪费程度已经到了令人触目惊心的地步，不管是大会小会，参会人员都会领到大摞的材料，除会议文件之外，还有交流材料会务安排、相关资讯等，而这些材料通常不会引起人们的重视，常常会被束之高阁，等着做废纸处理。

开会还会造成饮用水浪费，有人曾做过这样一个统计：500人开一天会，大概会回收1600个饮料瓶，其中约900个瓶子里面是有水的，有的瓶子里的水甚至只喝了一两口。以每个"半瓶"0.3升计算，一场会议开下来，就有270升的饮用水被倒掉了，这些水约合人民币450元。

如果这个会可以不开，那是不是这些费用都可以节约下来？所以，不要一有事就开会，时不时就开会。要节俭会议费用，就要少开会，非必要不开会，开会也要开小会、开短会，开高效会，开网络会议，远程会议等才有利于降低会议费用。

会议的时间成本是由与会者的会议准备时间、到达会场的旅行时间，以及会议工作人员（包括会议秘书）花费的时间和与会者的人数等几个相关因素组成的。时间是一种资源，更是一种财富，对任何一家企业来说，时间都是无比宝贵的财富。有时，这种时间成本可能由于各种因素（比如与会者的准备时间太长且零碎等）而难以统计和计算，我们可以把它转化为金钱成本。金钱成本由与会者的人数和与会者的平均工资构成。

比如一个30人参加的小型会议，开一个小时，那么这30个人一个小时的平均工资就是这次会议最直接的时间成本。很显然，会议时间越长、参加的人越多，时间成本就越高，越不利于节约。

会议的损失成本是指与会者为了参加会议，而离开原来的工作岗位，从而造成了生产、管理、市场反应的滞后，由此所产生的损失即为会议损失成本。此类成本通常比较隐蔽，经常会被忽略掉，但它产生的后果又实实在在地摆在企业面前。比如企业的周例会，可能有不少参加过周例会的人都有这样的体会，开会时心不在焉，因为还在想着某个客户的电话或许马上就要打过来了，前台或者秘书不一定能够处理好，从而导致"跑单"。这都是损失。

要召开高效会议，就要从这些方面来降低会议成本。国外有些公司制定了开会成本分析制度。公司每次开会，都要把一个醒目的会议成本表贴在黑板上。他们通常的算法是：会议成本＝每小时平均工资的3倍×2×开会人数×会议时间（小时）。公式中平均工资之所以乘以3，是因为与会者的劳动产值大约是平均工资的3倍；乘以2是因为参加会议要中断经常性工作，损失要以2倍来计算。因此，参加会议的人越多，会议的时间越长，会议成本就越高。有了成本分析，认识到了会议的隐性成本后，会议的效率就会得到提高。

至于会议的效率是高还是低，会议是必要还是可以省去，下面的指标可以参考。

（1）是否有与会者分心（在桌上涂鸦或者打瞌睡）。

（2）会场中有人不提建议，却一再批判别人的点子，做负面评论。

（3）出现一个人废话连篇而其他人意兴阑珊的情况。

（4）会议结束后才突然想到"一天的开会结论是什么？"

（5）明明参考信息都已完备，会议主席却不做结论，而决定"下次再讨论吧"。

（6）会场中有人还不知道开会目的。

（7）会开了半天，既无结论，也没人提出新点子。

（8）与会人数太多，根本无法讨论事情。

（9）发言品质太差，没有理性讨论，只能比谁大声。

（10）是不是职位越高的人座位越靠近主席台。

（11）没有事先做摘要也没有提供白板，讨论变成泛泛空谈。

（12）有一种"还没开会就先有结论"的感觉。

（13）只要用邮件就可完成报告与确认的工作，却大费周章召集许多人一起开会。

（14）报告与资料说明耗时太久，讨论重要事项的时间明显不足。

（15）有人提出意见，就被批评"那你去做呀"，会场气氛冷淡，没有人愿意多言。

出现以上任何一种情况，就足以证明会议效率与品质有待改善。如果不幸打钩的超过一半，证明企业的开会文化已经病入膏肓，非进行大手术无法拯救了。

从节俭的角度出发，企业的会议越少越好，如果非开不可，自然是越高效的会议费用越低。所以企业要减少开会的频率，降低开会的费用，更需要从小会、短会、非开不可的会议来确定是否开会，从而压缩会议费用，节约费用支出。

4. 高效利用时间，时间效率高各种浪费都会减少

鲁迅说："生命是以时间为单位的，浪费别人的时间等于谋财害命，浪费自己的时间，等于慢性自杀。"时间是每个人最宝贵的资源。

谁善于利用时间，谁的时间就会成为"超值时间"。作为一名员工，能够高效率利用时间的时候，对时间就会有一种全新的认识，就会知道一秒钟的价值，就会算出一分钟时间究竟能做多少事，时间效率就会大大提高，工作成绩就会大大提升。

娜娜是一家大公司的总裁助理，平时总会把一些公司需要处理的信件放一部分到车里，利用堵车严重或者等待红绿灯的时候拆阅这些信件。这些信件中有50%都是垃圾信件，对公司毫无益处。但又不得不从中把有用的挑选出来，如果上班时处理这些，就会耽误一些重要的事情。而利用这些看起来"闲"的时间将这些信件处理掉，对她来说，既能缓解堵车时郁闷的心情，又能把其中有用的信件挑选出来，不失为一种高效的方法。对那些有价值的信件，她在到达办公室之后，就可以直接进行简单的处理；那些没有价值的垃圾信件，则可以直接扔掉了。娜娜的这种充分利用时间的高效行为使她很受总裁的器重。

善于抓住点点滴滴的时间进行工作，不让自己闲下来，工作中的时间

就不会再紧张，即使是一些平时做不完的工作也能够顺利地做完，并能从中得到很大的收获。

有的员工则不是这样分秒必争，反而在浪费大把的时间，比如办公室内的闲聊，就是最不把时间当一回事的人才做的事情，这样的员工时间效率可想而知。

有一家公司在开展节约运动时曾提出"一分钟应看成8万分钟"的口号，意思是说，一个人浪费一分钟，那么公司的8万多名员工就要浪费8万多分钟；按每人每天8小时计算，8万分钟就相当于一个人劳动166天。每个人浪费一点，累计起来就会给整个公司带来巨大浪费。公司的高层和广大员工都尽可能地节省每一秒钟的时间。员工强烈的时间观念和效率意识，是这家公司事业长青的原因之一。

上班时间闲聊不仅浪费时间，降低效率，而且也是企业最深恶痛绝的行为。因为闲聊会让办公室所有的人都加入进来，让工作效率、时间效率、人员效率都大大降低，有时甚至会耽误正事和大事，带来大的损失。所以办公室员工一定要坚决杜绝这一恶习，克制闲聊的欲望，并自觉抵制这种无聊的聊天，做个高效能的员工。

高效率利用时间，还需要制订完善的、合理的工作计划。简单地说，工作计划就是为自己制订一个工作时间表：某年某月某日要做什么事；哪些事先做，哪些事后做；某段时间内以哪些事为重点；安排哪些时间做什么事等。大的工作有大的计划，中等程度的工作有中等程度的计划，小的工作则有小的计划。总之，大事小事，都要事先周密考虑。一旦制订出完整的计划，执行起来就会很顺利。从表面来看，做计划和考虑问题占用了很多时间，但从实际效果上看却节省了许多宝贵的时间，并使每一秒都产生了最大的效益。

提高时间效率和工作质量，还要保持办公桌整洁、有序。将那些暂时用不着的资料集中摆放到抽屉或者书柜里，桌上只留一些当即要做的，或者与要完成任务相关的书籍。那样无论看哪本书都会是我们需要的，不用再浪费时间从一堆没有目标的书中挑来拣去了。尽量把书桌上看完的和没有看过的书分开摆放，免得重复阅读，浪费时间，提高时间的利用效率。

能提升自己生产效率的只能是自己，因为除了自己之外，没有人可以支配你的头脑。作为员工，要不断提升自己的能力，多用头脑想一想，怎样能把工作做得更好，把工作效率提得更高，不浪费一点时间，这样，不仅为企业节省了开支，也为自己的将来扫清了道路。

5. 能说善听，高效沟通省时省力

工作时保持高效率沟通，也是一种好的节约方法。在办公室里与同事和上司交往都离不开语言沟通，会不会说话，能不能把话说到要害上，能否很好地沟通，决定着工作的效率和结果。高效的沟通既省时又省力，还能提高办事的效率，无疑是节俭的沟通方式。

在许多企业中，员工与员工之间、员工与管理者之间却有"一堵厚墙"，阻碍了相互之间的沟通交流，也阻碍了企业效率的提高和团队凝聚力的形成，沟通成本的居高不下影响了企业的获利能力，也造成了企业人力、物力、财力和时间的极大浪费。

什么是沟通成本呢？沟通成本即是谈话双方为了达成交流目的而付出的信息交换代价。最明显的沟通成本是时间成本，当然如果沟通低效甚至无效，带来的隐性成本会更多。

在许多企业中，一些员工信守"沉默是金"，他们对上司和同事有生疏感和恐惧感，他们见了上司就噤若寒蝉，见了同事觉得无话可说，即使是工作中的交流，也能免则免，能用书面形式的就尽量不用当面口头交流。长此以往，员工与员工之间、员工与老板之间的沟通越来越少，越来越难。

这对企业来说无异于慢性衰亡。因为沟通不好都有可能带来不小的损失，更别说不沟通了，所以，积极沟通也是为企业节约的一种方式。

一个员工，只有主动与同事及上司做面对面的接触，让别人知道自己的想法，同时也去了解别人的想法，才能更高效、更完美地完成工作，才不至于因为沟通的障碍而造成时间和资源上的浪费，为企业带来损失。那么如何才能提高沟通的效率、减少沟通成本、降低沟通浪费呢？

（1）要培养积极的沟通意识

在工作中、生活中，遇到问题的时候，一定要积极沟通，拥有主动的意识，而不是任由事物发展，任由别人处置。积极的沟通意识有助于沟通顺畅，提高信息传递效率。有效沟通要求我们巧妙地听和说，而不是无所顾忌地谈话。即使对方看上去是在对你发脾气，也别急着还击，等对方发泄完之后再沟通，会有好的效果。

（2）要防止沟通漏斗

管理学中有一个著名的沟通漏斗原理，简单地说，就是"一件事情，我知道的是100%，我说时想的只有90%，我所说出口的只有70%。那么，到听话者那儿呢？他所听到的一下子就过滤了，过滤到他所想听的60%，但实际听到的只有50%，而他理解的只有40%，接受的只有30%，记住的只有10%~20%了"。正因为有漏斗原理存在，导致很多沟通低效甚至无效。

漏斗原理之所以存在，是因为在沟通过程中存在许多障碍，包括发送者的障碍，接受者的障碍，信息本身的障碍和传播渠道的障碍。高效沟通当然是消除这些障碍。比如为了确保你真正理解了对方的意思，重复一遍你听到的、你的想法并问："我理解得恰当吗？"如果你对对方说的话有情绪反应，就直接说出来，并询问更多的信息："我可能没有完全理解你的话，我是这样理解的……我理解得对吗？"这样能有效地提升沟通的效率。

（3）保持良好的沟通态度

沟通要谦和、真诚、委婉、不厌其烦，切忌居高临下、盛气凌人、不耐烦。心态好，语气才能平和，情绪才能稳定，在意见出现分歧时，才不会钻牛角尖，错解他人表达的意思。

沟通时切忌把自己的想法强加于人，如果想让人接受自己的想法，就要尝试用对方接受得了的方式，传达自己的意愿。

（4）重要的话放在最前面

人与人交流沟通的注意力集中在刚开始的5~7分钟，所以我们要尽量把最重要的事情往最前面放，次要的东西往后面放，不重要的东西放在最后说。做到重点突出，主次分明。

（5）精准表达

精准表达是让对方听懂的首要条件。所以语言一定要简洁清晰、指向明确，要避免逻辑用语。逻辑用语即语言中包含逻辑关系，需要经过判断思考才能得出正确结论。典型的逻辑用语是：如果……那么……；之所以……是因为……。工作沟通中不必要用这样复杂的语式，尽可能简洁，可以把逻辑关系拆分，变成一个指令对应一个反馈。通过对方的描述来判断接下来该作出何种指令。

精准表达还需要用语准确，表述清楚。比如"小张，把工具箱中的左数第二把锤子给我"，就比"小张，把锤子递给我"要清楚得多，沟通效果也要好得多。用上一句小张毫不迟疑地马上把你要的锤子递给了你，而用第二句，要么小张会问你"哪一把锤子？"要么就会递给你任何一把锤子，但这把锤子不一定是你想要的，势必还要让小张再递一次，这中间既耽误了时间也浪费了精力。

所以高效的沟通一定是表达精准的，表述不明必然导致理解产生偏差，结果很有可能大相径庭。比如网上的一则笑话：

老婆给当程序员的老公打电话："下班顺路买一斤包子带回来，如果看到卖西瓜的，就买一个。"当晚，程序员老公手捧一个包子进了家门……老婆怒道："你怎么就买了一个包子？"老公答："因为看到了卖西瓜的。"

程序员老公是这样理解的：如果看见有卖西瓜的，就买一个包子，如果没有卖西瓜的，就买一斤包子。

有人说，程序员的思维不符合逻辑。其实，凡事要从自身找原因，如果别人理解错了，一定是你说得不够精准。如何精准表达呢？列出要点即可，下班回家路上：第一，遇见卖包子的，买1斤包子；第二，遇见卖西瓜的，买1个西瓜。这样就很清晰了，表达精准，理解就不会有偏差，那么沟通也是高效的。

（6）会说更要会听

俗语说：会说的不如会听的，多听少说，认真听别人讲话，容纳得下别人的不同想法，给别人充分表达自己的机会，这同样是良好沟通的前提。一是坦诚的目光接触；二是展现赞许性的点头和恰当的面部表情；三是避免分心的举动或手势；四是要提出恰当的看法，以显示自己在认真聆听；五是要有耐心，不要随意插话。

总之，高效的沟通是达到目的并能快速反应的沟通。这样的沟通不仅会说而且会听，沟通双方语言简洁清晰，理解充分无障碍，因而省时省力，能快速开展工作，既能节约时间成本，也能减少理解失误带来的后果损失。

6. 团结协作，善于协作的团队效率更高

世界著名管理大师德鲁克说："企业成功靠的是团队而不是个人。"这句话说到了现代企业成功的关键。

在现代经济局势中，没有任何一个人能够拥有全部资源并能独立地完成所有的事情，无论他多么伟大、多么富裕、拥有多么大的权力，他都不能。每一个人都必须依靠团队的力量才能将个人的能力完美地呈现。

个人主义已经是远古时代的烟云，早已不适应现代社会，一个人打赢一场战争的时代早已一去不返。作为个体，可能会凭借自己的才能取得一

定的成绩，但绝不会取得更大的成功。只有善于合作，把自己融入整个团队当中，依靠集体的力量，才能把个人所不能完成的工作任务完成。

小猴和小鹿在河边散步，看到河对岸有一棵结满果实的桃树。

小猴说："我先看到桃树的，桃子应该归我。"说着就要过河，但小猴个矮，走到河中间，被水冲到下游的礁石上去了。小鹿说："是我先看到的，应该归我。"说着就过河去了。小鹿到了桃树下，不会爬树，怎么也够不着桃子，只得回来。

这时身边的柳树对小鹿和小猴说："你们要改掉自私的坏毛病，团结起来才能吃到桃子。"于是，小鹿帮助小猴过了河，来到桃树下。小猴爬上桃树，摘了许多桃子，自己一半，分给小鹿一半。他俩吃得饱饱的，高高兴兴地回家了。

小猴与小鹿，就其个体而言，尽管都有自己的特长，但如果"单枪匹马"是摘不到桃子的。然而，一旦他们组成了一个相互协作的团队后，就出现了取长补短的奇迹——轻而易举地摘到了桃子。

这就是合作的威力。个体再强大，也终归是有弱点的，但是如果大家合作，取长补短，就会有意想不到的效果。

团队的力量是巨大的。团队的力量大于个人力量之和，一加一等于二，这是人人都知道的算术。可用在人与人的团结合作上，那就不再是一加一等于二了，而可能等于三、等于四、等于五……合作就是力量，这是再浅显不过的道理。

在现代社会，早已没有全能的个人，只有完美的团队。因为有很多事情必须依靠团队里每一个成员相互协作、共同努力才能完成。

一家有影响的公司招聘高层管理人员，9名优秀应聘者经过初试，从上百人中脱颖而出，闯进了由公司老总亲自把关的复试。

老总看过这9个人详细的资料和初试成绩后，相当满意。因为此次招聘只能录取3个人，所以，老总给大家出了最后一道题。

老总把这9个人随机分成甲、乙、丙3组，指定甲组的3个人去调查本市婴儿用品市场，乙组的3个人调查妇女用品市场，丙组的3个人调查老年人用品市场。老总解释说："我们录取的人是用来开发市场的，所以，你们必须对市场有敏锐的观察力。让大家调查这些行业，是想看看大家对一个新行业的适应能力。每个小组的成员务必全力以赴！"临走的时候，老总补充道："为避免大家盲目开展调查，我已经叫秘书准备了一份相关行业的资料，走的时候自己到秘书那里去取。"

　　两天后，9个人都把自己的市场分析报告送到了老总那里。老总看完后，站起身来，走向丙组的3个人，与之一一握手，并祝贺道："恭喜3位，你们已经被本公司录取了！"看着大家疑惑的表情，老总呵呵一笑，说："请大家打开我叫秘书给你们的资料，互相看看。"

　　原来，每个人得到的资料都不一样，甲组的3个人得到的分别是本市婴儿用品市场过去、现在和将来的分析，其他两组的也类似。老总说："丙组的3个人很聪明，互相借用了对方的资料，补全了自己的分析报告。而甲、乙两组的六个人却分别行事，抛开队友，自己做自己的。我出这样一个题目，其实最主要的目的，是想看看大家的团队合作意识。甲、乙两组失败的原因在于，他们没有合作，忽视了队友的存在！要知道，团队合作精神才是现代企业成功的保障！"

　　没有合作精神的企业不可能成功，没有团队意识的员工也不可能受到企业的欢迎。因为企业比个人更明白个人能力的有限和团队力量的强大。

　　一个互相信任的团队，一个互相扶持的团队，一个互相依赖的团队，对于一个企业而言，是关系兴衰存亡的关键因素，也是个人获得职业发展的决定因素。一根筷子轻轻被折断，十双筷子牢牢抱成团；一个巴掌拍不响，万人鼓掌声震天。从来没有全能的个人，只有完美的团队。

　　今天的企业比起以往任何时候都更需要协作精神，资源共享、信息共享才能够创造出高质量的产品和高质量的服务。员工之间取长补短，互相合作所产生的效率要大于两个员工各自效率的总和，这就是"1+1>2"。一个重视合作的员工才有可能给公司创造更大的利润。拥有了这样的员工的企业，才有可能在激烈的市场竞争中立于不败之地，所以员工是否具有合作意识，直接关系着团队的效益，关系着企业能否发展壮大。从这个意义上来说，善于合作，也是一种节约。因为越是善于合作的员工，效率越高，为企业创造的价值自然也越高。

7. 服从但不盲从，执行越高效浪费越少

服从是忠诚的一种表现，但服从一定不要变成盲从。如果员工把服从变成了盲从，忠诚也就成了愚忠，那不仅不能体现忠诚和服从的本来价值，反而会对国家、对组织、对企业也对个人带来巨大的损失。

服从当然是美德，但是一定不要盲从。盲从的结果只会导致错误的执行，带来集体的毁灭和团队的失败。任何事都要有尺度，要不然就会过犹不及，反受其害。

在执行一个制度时，如果你意识到它是有缺陷的，那就不要执行它。若执行了，便是对资源的极大浪费，因为明明有缺陷执行了也是无用功，只会返工或停工。这时要做的就是向上司反映并说明这一情况，或者看看别的老员工是怎样规避有缺陷的制度的，不妨使用他们的经验。总之不要原地打转，不要执行有缺陷的制度，那样不利于我们的工作，反而会浪费很多的财力、物力。

如果制度不合理或者指令不正确，我们依然当作军令一样，不假思索地去执行，就会浪费大量的办公时间和经费。这好比和自己的影子角力，费了半天工夫只能是空费力气。因此我们在执行一项有缺陷的指令时，需要动一动脑筋，把它完善后再执行，或者敢于不执行，要有敢于为公司减少损失的勇气。

菲菲在一家销售公司做文员，在快到春节的时候，按照公司的习惯，老板交给她一大堆名片，并亲自挑选了很多精美的明信片要她按照名片上的地址逐一打印并寄出。在接过名片后，菲菲看到名片上客户的地址有的已经改变，而有的则和公司已经没有了往来。她向老板提了出来，并表示，可以有选择性地打印那些与公司保持良好往来的客户名单，不至于浪费这些精美的明信片。老板听了非但没有责怪她不听从命令，还表扬了她。

盲目服从并不代表忠诚，当员工接到企业的指派时，应该动动脑筋，将事情考虑到位，把所有疑虑都提出来，以最大限度地执行好任务，又不造成任何浪费，这才是将自己看作企业主人翁的表现。

上司可以将"照我吩咐的去做"这种行为视为忠诚。所有的管理者都有期望员工们服从自己，但是不讲原则的服从，只会是"唯唯诺诺""阳奉阴违"。为了避免给企业带来损失，员工拒绝服从上司错误的命令，才是真正的忠诚。

有些员工的执行效率低，这并不全是办事能力的问题，有时恰恰是因为指令的错误或失误导致的。一个优秀的员工要善于区别指令，灵活变通地执行，以提高执行效率，减少损失和浪费。

第八章 杜绝家庭浪费，崇俭抑奢创建节约家庭

除了工作中的浪费，家庭中的浪费也不容小觑。节约型员工不仅在工作中要处处节约，家庭中更要杜绝铺张浪费，节水节电节气，坚持勤俭节约，打造节俭家风，培养节约习惯，创建节约型家庭。

1. 杜绝铺张浪费，挥霍败家勤俭致富

几千年来，奢侈浪费是败国亡家的祸根，勤俭节约是立业兴家的法宝，一直是中国人信仰的至理。纵观历史，无数的事实也证明，勤俭节约是福，骄奢淫逸是祸，任何朝代和国家，无不因节俭而盛，因奢侈而衰。

一个家庭、一个人，要生存和发展，同样离不开勤俭二字。铺张浪费祸国败家，勤俭节约立国兴家的至理，从来都没有变过。那些累世兴旺、人才辈出的大家族，无一不是以勤俭为训。

北宋著名思想家范仲淹家族，绵延了1000多年，至今仍是苏州大族，这与范家自范仲淹起就勤俭持家大有关系。当年范仲淹为专心读书借住在寺庙里，因家贫无粮，每天都煮一锅稀饭，等凉以后划成四格，每顿吃两格，寒窗几年，一直就是这样过的。后来他科举中第，步入官场，官至宰相，勤读习惯和俭朴的生活方式却并没有改变。《宋名臣言行录》中记载："范公常以俭廉率家人，要求家人畏名教，励廉耻，知荣辱，积养成名。"

范仲淹以身作则，自然也潜移默化地影响到儿女。范家子女皆守家训，以俭为荣，范家始终保持着俭朴的家风。范仲淹的次子范纯仁结婚时，听说儿媳将饰以锦罗帷幔，范仲淹立即传训其子："吾家素清俭，安能以罗绮为慢坏吾家法，若将帷幔带入家门，吾将当众焚之于庭。"于是，儿子和儿媳清俭成家。范纯仁"自为布衣至宰相，廉俭如一"，任职西京留司御史台时，司马光也在洛阳做官，两人"皆好客而家贫，相约为真率会，脱粟一饭，酒数行，洛中以为胜事"。尽管这两人招待宾朋仅是粗饭薄酒，且是酒过数巡即罢，洛阳士人却仍愿把参加此会当作是件幸事，都是因为

他们二人高尚的人品。范纯仁还教育子孙"惟俭可以助廉，惟恕可以成德"。

范仲淹的另一个儿子范纯礼历任天章阁待制、枢密都承旨、礼部尚书等职，官至尚书右丞，无论身处何职，从来不忘节俭，"布衾绝袍，不为表襮沽名誉。食饮不择肥鲜，不役婢妾"。范纯礼不单践行了范门家风，更堪为士林表率。

在这样的家风影响下，范家的后人都贤明端直，勤勉俭朴，俭朴的家风世代沿袭，绵延不绝，传至今日已超过八百年了，苏州一带范氏后人依然兴旺。

勤俭才能兴家，从古至今，莫不如此。因为一个家庭要积累财富，兴旺起来，并不容易。俗话说"兴家犹如针挑土，败家犹如水推沙"，一个家庭的财富，是一点一点积攒、勤勤恳恳奋斗出来的，勤劳决定了一个家庭能否兴盛，节俭决定了一个家庭能否长久。勤俭节约，再贫寒的家庭也能日渐兴盛；铺张浪费，再多的家业也会被迅速败光。这方面，西晋时的石崇，是个反面典型。

石崇最负盛名的"杰作"，就是跟当时的皇帝晋武帝司马炎的舅舅王恺斗富。王恺出身名门大族，他的爷爷王朗当初为曹操效力，后来获封司空，是曹魏的三公之一。王家本来就很有钱，王恺也是个人才。更重要的是，他的姐姐是当朝皇帝司马炎的生母。

那会儿西晋的富豪很多，除了王恺、石崇，还有王济（王武子）、羊琇等人。他们的生活都极其奢侈，最爱讲排场，搞铺张，还互相攀比，连皇帝也自叹不如。

王恺为了炫富，用糖水洗锅，石崇听说后，就让自家的厨子煮饭时把蜡烛当柴烧。这件事一传开，人家都说石崇家比王恺家阔气。王恺心里不服，就在穿门前的大路两旁，夹道四十里，用紫丝编成屏障。谁要上王恺家，都要经过这四十里紫丝屏障。这个奢华的装饰，把洛阳城轰动了。石崇一看，这算什么？他就用比紫丝更贵重的彩缎，铺设了五十里屏障，比王恺的屏障更长、更豪华。

王恺又输给了石崇，心里更不服气了，我堂堂一个国舅居然还比不过你一个常侍？但自己的财力又实在比不上，怎么办？他就去请外甥晋武帝来帮忙，一定要赢了石崇。皇帝更是个奢侈浪费惯了的人，不仅不惩罚这样的竞奢行为，反倒觉得这比赛挺有趣，就把皇宫里收藏的一株两尺多高的珊瑚树赐给王恺。

要知道这可是皇宫里都少见的宝贝，王恺高兴地想，自己这回一定能赢。于是假意请了一班人到自己家来吃饭。席间让侍女把这株珊瑚搬出来炫耀。大家一看，这珊瑚足有两尺高，造型优美，色泽红艳，果然不是凡品。大家都赞不绝口。

只有石崇浑不在意，顺手抓起一把铁如意，当的一声就敲在了珊瑚上，那国宝级的珊瑚树顿时被砸得粉碎。大家都大惊失色，王恺更是火冒三丈，暴怒而起。石崇却没事人一般，轻描淡写地说："没事，砸坏了我赔你一根就是。"王恺说："这可是宫里的国宝，这么大的珊瑚你赔得起吗？"

石崇叫他的随从回家去取珊瑚，统统搬来让王恺挑选。不一会儿搬来了几十株大大小小的珊瑚树。大的竟比王恺的高出一倍，三四尺高的就有六七株，株株条干挺秀，光彩夺目。至于两尺高的红艳珊瑚，那就更多了，周围的人都看呆了。王恺也被惊得不知所措。石崇的豪富就在洛阳出了名。

这样铺张浪费、挥霍无度的结果，是灭族之祸。八王之乱的时候，擅权的贾谧被诛杀。石崇因为是贾谧的党羽而被罢了官。之后又被指谋逆，被枭首暴尸，同时被杀的还有石崇母兄及妻子等十五人，骈戮无遗，家产籍没，那一年，石崇五十二岁。

有司清查石崇家产时发现：在册的水磨房就有三十多处，仓头奴仆八百多人，其他的珍宝财物、田产房宅也多不胜数。这些无尽的财富，都不再属于他了，豪奢一时的金谷园也败落荒芜，石家再也不复存在了。

那些挥霍无度、铺张浪费的人家，不论有多少财富、多么显赫的地位，最终都会衰落甚至败亡。越是挥霍无度，败亡得就越快越彻底。这也是被几千年的历史反复证明过的真理。

勤俭兴家、奢侈败家。一个家庭要兴旺、要发展、要绵延不绝，节俭都是必需的。因为一个家庭无论多富有，一旦养成了骄奢淫逸、挥霍浪费的习惯，很快就会衰败没落；同样地，一个家庭不论有多穷困，只要有勤俭的好习惯，一定会越来越好。

一个财主的儿子不知道稼穑之艰难，常到一个饭馆里吃饺子，但把饺子皮全吐掉，只吃肉馅。后来家里遭遇火灾，丽楼美阁一夕之间夷为平地，他成了乞丐，要饭要到这个饭馆，老板以饺子皮招待他，他深为感动。老板说，不用谢，这都是你当初扔掉的皮，我拣起晒干了而已。财主的儿子很惭愧，后来勤奋劳动，生活节俭，家道重又殷富起来。

勤俭兴家挥霍败家，任何时候都是至理名言。俭能致富，俭能兴家，奢会招祸，奢会败家，挥霍浪费任何时候都是行不通的。即便当前我们生活富裕，物质丰富，吃穿不愁，同样不可挥霍浪费。再大的家业一旦挥霍浪费，不要几天就会败光败尽的。

勤俭节约是兴家强国的根本，抛弃了这个根本，家、国、企业、个人都会走向衰败，不管什么时代都是如此。因而千万不能认为富裕了勤俭就可以扔了，这是不行的。要知道，扔掉勤俭等于扔掉了根本，而扔掉了根本，那将会一无所有。

2. 崇俭抑奢,打造节俭家风

家庭是否兴旺,与一个家庭的家风息息相关。家风节俭,家庭兴旺;家风豪奢,家庭败亡。听起来似乎有点故弄玄虚,但事实却正是如此。《国语》里记载的刘康公预言如神的故事,生动地说明了节俭家风和奢侈家风对于家庭兴旺至关重要的作用。

《国语》中载:周定王八年(前599年),也就是鲁宣公十年,周定王派宰相刘康公出使鲁国,给鲁国的几位大夫级高官送礼。刘康公回朝以后,周定王问刘康公:"鲁国大夫当中,哪个更贤明?"

刘康公回答说:"季文子、孟献子两家,有可能长久保持其权位;叔孙、东门两家,我看有些危险,即使其整个家族不一定垮台,而身为大夫的叔孙宣子、东门子两人,恐怕也未必能够长久地待在高位上!"

周定王问:"为什么呀?"

刘康公说:"因为季文子、孟献子两家尚俭不奢,收入够用就满足,所以不会向臣民多征徭赋,臣民高兴就会拥护他们,他们的家族就是安全的;而叔孙、东门这两家奢侈享乐,要奢侈享受就会总嫌收入不够用,不够用则会搜刮臣民,民不聊生,那么他们家族的忧患就要到了。而且作为一个臣子,如果自己索取太多,哪里还顾着国家?这本身就是在自取灭亡啊。"

周宣王说:"那你认为他们多久会败亡?"

刘康公说:"东门家的地位不如叔孙家,但奢侈更甚一些,恐怕做不满两朝大臣;叔孙家的地位比不上季、孟两家,却比他们两家更奢侈,恐怕做不满三朝大臣。其实,如果败亡得早,家族还能保得住;如果败亡得迟的话,坏事做得太多,那么,整个家族都保不住了。"

没过多久,刘康公的话果然一一应验了。周定王十六年(前591年),鲁宣公刚死,东门子家就被鲁国掌权的大夫们逐出鲁国;周简王十一年(前575),即鲁宣公之子鲁成公十六年,叔孙宣子亦被逐出鲁国。

俭和奢,决定的不仅仅是生活方式,更是家庭的未来。因而古人看一个家庭是不是会长久兴旺,并不看重当时当下的地位和财富,而是看这个家庭中是俭还是奢。尚朴尚俭、不事奢华的家庭,会节用当用,不浪费,亦不会贪心,不会因为收入少一些而去作奸犯科,所以这样的家庭更长久、更安宁、更兴旺;而好奢侈享乐、挥霍浪费的家庭,即便家中再富也总会觉得钱不够,因而少不了会贪污腐败、坑蒙拐骗地做些违法犯罪的事,那家庭还怎么可能安宁、和谐、长远呢?要想家庭长久兴旺,安宁和谐,就要打造节俭家风,教育后代,泽被后人。

历史上众多有识之士都十分注意自身生活俭朴,也将俭朴融入家风家教中。崇俭抑奢,养德立志,为子孙后代订立勤俭家规,铸造节俭家风。

诸葛亮的《诫子书》开篇就说"夫君子之行,静以修身,俭以养德",告诫子孙要节俭持家,静心修身,以成君子。

南北朝时颜之推作《颜氏家训》强调:"俭者,省约为礼之谓也,吝者,穷急不恤之谓也。"

北宋司马光给儿子专门写有《训俭示康》,引用古言"俭,德之共也;侈,恶之大也";倪思也告诫后人:"俭则足用,俭则寡求。俭则可以成家,俭则可以立身,俭则可以传子孙。"

明代朱柏庐在其著名的《朱子治家格言》中教导后代:"一粥一饭,当思来之不易,半丝半缕,恒念物力维艰。"其中心就是他著名的"四本思想"——"读书起家之本,循理保家之本,和顺齐家之本,勤俭治家之本",一直到今天仍然广为流传,被无数家庭奉为圭臬,奉行不悖。

明代吴麟徵的《家诫要言》中说:"治家舍节俭,别无可经营。"意思是治家之道,别无其他,唯节俭而已。

清代曾国藩非常崇尚节俭,他不仅在日常生活中常以勤俭二字约束自己,而且经常对兄弟子侄灌输节俭观念。他在家信《寄纪瑞侄》中写道:"吾家累世以来,孝悌勤俭。辅臣公以上吾不及见,竟希公、星冈公皆未明即起,竟日无片刻暇逸。竟希公少时在陈氏宗祠读书,正月上学,辅臣公给钱一百为零用之需,五月归时,仅用去二文,尚余九十八文还其父,其俭如此。星冈公当孙入翰林之后,犹亲自种菜收粪。吾父竹亭公之勤俭,则尔等所及见也。今家中境地虽渐宽裕,侄与诸昆弟切不可忘却先世之艰难,有福不可享尽,有势不可使尽。勤字工夫,第一贵早起,第二贵有恒。俭字工夫,第一莫着华丽衣服,第二莫多用仆婢雇工。"

贤达名流、高官显贵之家如此,民间百姓之家同样如此,都以勤为本,以俭为训。比如河南仪封李氏家族流传下来的家训中就专门有勤俭的条目。

第八条——勤力作:人生衣食岂从天降?全凭人力营作中来,男女勤劳,各当尽力。虽一岁所入,公私输用而外,剩余无几,而日积月累,自至身家丰裕,子孙世守,利赖无穷。一有游惰则贫乏继之。凡执艺行业俱以勤力为本,才无饥寒。

第十条——去奢侈:淫侈之费甚于天灾。一家度支甚繁,当用固不能辞,不当用务须俭约,才有盈余。徒尚奢华,不知节缩,须知一岁之终,所入有限,所出无穷,务须谨慎。这样的家风让李氏家族绵延至今,依然和美兴旺。

那么,作为普通员工,我们该如何打造节俭家风呢?

首先,家长要坚持以身作则,在树立勤俭节约家风上率先垂范,躬行节俭,把厉行节约、反对浪费当作修身养德、提升素质的磨刀石,坚持从小事做起、从自身做起、从现在做起,带头抵制"舌尖上的浪费",反对奢靡之风,摒弃盲目攀比,不讲排场不慕虚荣,杜绝家庭铺张浪费,带动督促每名家庭成员树立浪费可耻、节约为荣的观念,教育引导子女,尤其是身边青少年,珍惜来之不易的丰厚物质生活,自觉养成艰苦朴素的习惯。

其次，要深化对家风的认识，增强家风建设的自觉性，进一步认识家风建设的重要性、必要性和适时性。要意识到树立勤俭节约家风是责无旁贷的公民责任和社会担当，明白勤俭节约的家风对民风、社风有着强烈的引领和示范作用。

最后，要培育子女勤俭节约的良好习惯。带动督促每名家庭成员树立浪费可耻、节约为荣的观念，从节约一粒米、一滴油等做起，教育引导子女和家人珍惜来之不易的物质，培育子女勤俭节约的生活习惯，打造节俭的家风文化，以勤俭节约家风带动更多人践行节俭节约新风尚。

3. 节约用水，全家动员人人参与

世界上许多事物是可以替代的，比如照明，没有电灯，可以点蜡烛；没有蜡烛，可以点油灯；没有油灯，可以点松明火把；连火把也没有，可以静静地等待黑夜过去。而水却没有任何物质可以替代，没有水，一切生命都将消失。因而这种自然界最常见的无色、无味液体，也是世界上最珍贵的资源之一。所以，节约用水是每一个人每一个时刻都要牢记的行为准则。

节水并不是小气，而是一种良好的生活方式。比如家中一个关不紧的水龙头，一个月可以流掉 1～6 立方米的水；一个漏水的马桶，一个月要流掉 3～25 立方米水，一个城市如果有 60 万个水龙头、20 万个马桶漏水，一年要损失上亿立方米的水。如果家庭里养成良好的节水习惯，就可以实现节水 70% 左右。一个有节俭意识、明白水资源的珍贵、懂得节水的员工，当然不能容忍家中浪费水，而是号召家庭里的每一个人，全家总动员，一起节水，共同节水。这不仅会有效地降低家庭开支，也为节约地球资源出了一份力，何乐而不为呢？

家庭节水，方法众多，妙招不尽，都是可以学习和运用的。

（1）洗衣服节水

洗衣机洗少量衣服时，水位定得太高，衣服在水里漂来漂去，互相之间缺少摩擦，反而洗不干净，还浪费水；衣服太少不洗，等多了以后集中起来洗，也是省水的办法。

如果将漂洗的水留下来做下一批衣服洗涤用水，一次可以省下30～40升清水；洗衣机里排出来的污水还可以再利用起来拖地或刷马桶。

能不用洗衣机就不用，减少洗衣机使用量，尽量不使用全自动模式，并且手洗小件衣物，手洗衣服既节水又节电还锻炼身体。

（2）洗澡节水

洗澡是家庭生活中用水量比较大的一件事情，我们虽然不能不洗澡，但是也可以尽可能地省水。

比如，尽可能地选择淋浴，避免使用浴缸。如果实在要用浴缸的话那就记得将洗澡水用来拖地或是冲厕所。

可以安装一个低流量的莲蓬头，将出水量控制在一个比较小的范围内；不要将喷头的水自始至终地开着。先调节冷热水比例，调好后再打开水开始洗澡。

控制洗澡的时间，一般在15分钟左右比较适宜，如果一次要洗1小时，那么安装多么节能的莲蓬头都是没有用的。洗澡的同时还可以放一个盆或桶在脚边，等洗完的时候就能盛满水，可以用来浇花、拖地、冲厕所等。

用喷头淋浴，尽可能先从头到脚淋湿一下，就全身涂肥皂搓洗，最后一次冲洗干净，不要单独洗头、洗上身、洗下身和脚。

将洗澡冲下的肥皂水和洗发水等含化学物质的水收集起来，可用来拖地；将洗澡最后冲洗身体的清水用来擦拭家具和凉席。因为凉席大多是竹席或草席，如果直接用冷水擦拭，会让竹子变脆，容易折断；如果用过热的水洗抹布擦拭，则容易烫坏竹子。洗澡水温度适中，擦洗凉席是最合适不过的了，洗剩下的水还可以用来冲厕所。

（3）厕所节水

如果觉得马桶的水箱过大，可以在水箱里竖放一块砖头或一只装满水的大可乐瓶，以减少每一次的冲水量。但需注意，砖头或可乐瓶放得不要妨碍水箱部件的运动。

马桶水箱漏水是最多见的，进水口止水橡皮不严，灌水不止，水满以后就从溢流孔流走；出水口止水橡皮不严，进水管不停地进水。要检查水箱是否漏水有一个简单的办法，在水箱中滴入几滴食用色素，等20分钟（要确定这段时间内没人使用马桶），如果有颜色的水流入马桶，就表示这水箱在漏水，需要及时修理了。

用收集的家庭废水冲厕所，可以一水多用，节约清水。不要用抽水马桶冲掉烟头和细碎废物。垃圾不论大小、粗细，都应从垃圾通道清除，而不要在便池内用水冲。

选马桶时尽量选节能马桶。现在市面上有很多节能省水的马桶，虽然价格比一般的马桶稍贵一些，但是每次冲水却能比一般马桶节约约1/3的水量，从节约水资源的角度考虑，还是应尽量选择安装节能马桶。

在洗漱间里刷牙、洗脸、洗手、洗澡的时候不要一直开着水。有的人习惯在刷牙、洗脸、洗手或洗澡的时候一直开着水，实际上在你没有用到水的时候，清水已经白白地流走了很多。有个公益广告不是说过吗，在刷牙、洗脸的时候顺手关上水龙头，一个人一年可以省下25个浴缸的水量。

（4）厨房节水

洗蔬菜时，不要在水龙头下直接进行清洗，尽量放入到盛水容器中，并调整清洗顺序，如可以先对有皮的蔬菜进行去皮、去泥，然后再进行清洗；先清洗叶类、果类蔬菜，然后清洗根茎类蔬菜。洗菜时也应当避免不让水龙头一直开着。

家里洗餐具，最好先用纸把餐具上的油污擦去，再用热水洗一遍，最后才用较多的温水或冷水冲洗干净。

洗多个碗比单个洗更省水省劲。不是说非得把好几顿饭用过的碗筷攒到一起洗，而是把很多碗一次性用洗涤灵洗完后再一起清洗，能更省力省水省劲。不少人洗一个碗打一次洗涤灵，然后对着水龙头冲干净放一边，再洗第二个、第三个……其实，现在一般家庭里使用的洗菜盆大都有塞子，把塞子堵在下水口，放水倒上洗涤灵可以一次性把要洗的碗筷清洗一遍，然后再一起用干净水冲洗。这样既避免了单个洗碗的麻烦，又节约了洗涤灵，还节约了用水。

淘过米的水，人们通常都会随手倒掉，那就太可惜了，我们不妨把它集中起来洗菜、洗碗用。因为淘米水具有去油、去污的作用，使用它既环保，又可节水，两全其美。

空调也能节水。把空调排水管引到屋内，接一个水桶，问题解决了，而且水量还很可观，2小时就可接一升水。这些水可用来浇花、洗手、冲厕所。

（5）杜绝家中一切跑冒滴漏

经常检查家中的水管、水龙头、热水器、浴池，抽水马桶、水池和其他水管接头以及墙壁或地下管道是否有漏水的现象，不让任何地方有跑冒滴漏现象，这样就能减少浪费。农村有句俗话："吃了不可惜，穿了不可惜，浪费了才真可惜。"所以，杜绝浪费是重要的节约方式。

（6）其他省水妙招

用鱼缸换出来的水浇花，比其他浇花水更有营养。喝剩的茶用于擦洗门窗和家具效果也非常好。

饮水机饮水时不要为了接一杯凉水，而白白放掉许多水。喝水喝多少倒多少，一次喝剩下的别急着倒掉，等一会儿还可以再喝的；别让茶杯里留着水过夜。

充分利用浴前冷水也能省不少钱。在用热水洗浴前要流失不少干净冷水，这样可就太浪费了，不妨在洗澡前先预备个水桶接冷水，待热水过来后再开始洗浴。

有好多小区水压较高，用水时特别冲，洗手也能看到水表在飞速转动，不妨采用调整自来水阀门的办法来控制水压，这样一年也能节约相当多的水。用洗米水、煮面水洗碗筷，可节省生活用水及减少洗洁精的污染；用洗菜水、洗衣水、洗碗水及洗澡水等清洗水来浇花、洗车。

用洗涤灵清洗瓜果蔬菜，需要用清水冲洗几次，才敢放心吃，可改用盐浸泡消毒，只冲洗一遍就够了。

将全转式水龙头换装成 1/4 转水龙头，缩短水龙头开闭的时间就能减少水的流失量。尽量把家里的水龙头换成节能水龙头。

节约用纸

如果条件允许，平常可以收集雨水，一水多用。下雨的时候，如果有条件的话可以放一个盆或桶等盛器在室外，这样一来就能收集雨水，然后用来浇花、擦地等。洗菜、洗米的水可以用来浇花、洗手；洗手、洗衣服以后的水可以用来擦地、冲厕所；加湿器、净水机里面残留的水也可以收集起来进行二次利用，凡是能够想到的能重复利用水资源的事情都值得去做，因为我们省的不光是钱，还有有限的资源。

（7）做好家庭用水记录

如果每天定时（早晨或晚间某一固定时刻）把家中水表的读数记录下来，每天、每月、每年的用水量，就可以很容易地查算出来，交水费也就不再是盲目的了；同时用水情况已记录在案，有没有浪费就可以看出来，节水该从何处下手也心中有数了；记下这本"流水账"，可以看出用水量的变化，就可以对症下药有效节水了。

节水不是小事，节约的也许只是一点点，但全家总动员，家家总动员，滴滴细流汇在一起，就能汇成大河，我们的水危机也就会延缓一些。

 4. 家庭节电，小妙招有大作用

现代家庭中都有许多小家电，耗电量也是很大的。如果不注意节电，就会造成很大的浪费，这不仅会给家庭带来大的财务负担，也与我们倡导的厉行节约理念不相符。每一个员工、每一个家庭都不能小看家庭节电，要时时把节电放在心上。

家庭节电其实有很多的小妙招，注意积累，并结合自己家的情况运用，就会有可喜的收获。

（1）尽量购买节能型家电

在选购家具的时候尽量购买节能型家电，如耗电量为Ⅰ级或Ⅱ级的电器，尽管有的节能家电比普通家电略贵一些，但是从节约能源的角度来看还是很值得购买的。有条件的家庭还可选购太阳能热水器、太阳能电池板等新型清洁能源的电器。

（2）家用洗衣机节电

洗衣机的耗电量较大，一般电功率都在200瓦以上，洗衣机洗涤衣物的时间越长，耗电量就越大，但时间短了肯定洗不干净，要想在节能的同时又达到理想的效果，就要选择一个最佳的时间点。一般合成纤维和毛织品，洗涤2～4分钟；棉麻织物，洗涤5～8分钟；极脏的衣物洗涤10～12分钟。洗涤后漂洗的时间3～4分钟即可。洗涤时最好采用集中洗涤的方法，即一桶清洗剂连续洗几批衣物，洗衣粉可适当增添，全部洗完后再逐一漂洗，这样不仅可以省电，还可节省洗衣机的洗涤时间。

很多人认为洗衣机的强挡一定比弱挡费电，这其实是个误区。在同样长的洗涤时间里，使用强挡洗衣，电动机启动次数较少，较弱挡洗衣更省电，且有利于延长洗衣机的寿命。还可根据衣物的材质选择洗涤时间，一般棉、麻类衣物洗3～5分钟就可以了。除此以外，一般的洗衣机脱水1分钟脱水率就可达到55%，因此一般脱水时间3分钟左右就够了。

（3）家用电脑节能

电脑平均每小时耗电在0.25～0.4度。有的人会觉得，一小时才用这么一点点电，节不节省又有什么关系呢？此言大谬！节不节电，关系巨大。因为小小的一度电，作用超过想象。

省一度电，能干什么？能使25瓦的灯泡连续点亮40小时；能使普通家用冰箱运行一天；能让一个一般功率的电风扇连续运行15小时；可以使1匹空调开1.5小时;能将8千克的水烧开;可以使电视机开10小时;能用吸尘器把房间打扫5遍;可以用电炒锅烧两个非常美味的菜;可以使充电电动自行车跑上80公里;可以用电热淋浴器洗一个非常舒服的澡;可以节约0.4千克标准煤。

看看,一度电绝不像我们印象中的那样一无用处吧?所以,不论是在单位还是在家里,省电都是必须的。比如,尽量调低电脑的明暗度;及时关闭暂时不使用的程序和USB设备(音箱、打印机、扫描仪等);缩短关闭显示器和进入睡眠状态的时间;如果暂时不使用电脑可以选择"睡眠"模式,能耗可减低一半以上;如果一两个小时内不会再使用可启用"休眠"模式;完全不用的时候应及时关闭电源,并拔掉插头。另外,台式机还能选择配备较小尺寸的显示器;暂时不用电脑的时候还可关闭显示器,因为显示器的耗电量占到了整台电脑的25%~30%。

笔记本电脑尽量不使用外接设备,关闭屏幕保护程序;通过电池管理工具使电脑进入节能程序。

(4)家用冰箱节能

家用电冰箱要放在通风良好、远离热源和太阳直射的地方,并在周围都留出一定空间方便散热,这样制冷快,还省电。

可根据季节变化、食物的种类和多少,合理调节冰箱温度控制器,冬季可调温至一挡,夏季可调至四挡,更有利于节电。

冰箱内存放食物的量以占容积的80%为宜,放得过多或过少,都费电。食品之间、食品与冰箱之间应留有约1厘米以上的空隙。

在使用的过程中避免频繁开关,并保证关紧冰箱门,如果没关紧或冰箱门缝垫圈损坏的话,不但会缩短冰箱的使用寿命,还会增加5%~10%的耗电量,应及时关上或修理。还可以准备一些冰块放入冷藏室,这样一是可以帮助冷藏室降温,可以省电,二是在停电的时候可以保证一段时间内温度不会上升。同样的道理,流质食物和固体食物要封好,不要将热的食品放进冰箱内,这样会导致冰箱内温度上升,电量增加。

将冰箱里拿出来的冰冻食物自然解冻。很多人习惯将冰冻的食物用微波炉、水冲或水泡来解冻，但是如果在食用之前提前拿出来放在室温下自然解冻，不但能省电还能省下很多水。还可以放入冷藏室解冻，这样虽然慢一些，但是在解冻的同时还能降低冷藏室的温度，节电节能，一举两得。

定期除霜和清除冷凝器及箱体表面灰尘，保证蒸发器和冷凝器的吸热和散热性能良好，缩短压缩机工作时间，节约电能。

（5）家用空调节电

将空调设定在适当的温度。空调在制冷时，设定温度每高2摄氏度，就可节电20%。装修时注意改进房间的结构。要使房间的门、窗保持良好的密封。对一些老式的房间，门窗缝隙较大的，可做一些应急性改善。如用胶水纸带封住窗缝，给门窗粘贴密封条等。室内墙壁贴木制板或塑料板，在墙内外涂刷白色涂料等，都可减少通过外墙带来的冷气损耗。

如果家里有大面积的玻璃门窗，可以在玻璃窗外贴一层透明的塑料薄膜或者是采用不透光的遮阳窗帘。遮住日光的直射，可节电约5%。

有的房间较大或者形状狭长，普通的空调由于送风距离不够远，影响房间的整体制冷效果，可以用电风扇加速空气流动达到快速降温效果，节省电能。

选择制冷功率适中的空调。一台制冷功率不足的空调，不仅不能提供足够的制冷效果，而且由于长时间不断地运转，还会减短空调的使用寿命，增加空调产生使用故障的可能性。另外，如果空调的制冷功率过大，就会使空调的恒温器过于频繁地开关，从而导致空调压缩机的磨损加大；同时，也会造成空调耗电器的增加。

连接室内机和室外机的空调配管尽量短且不弯曲，即使不得已必须要弯曲的话，也要保持配管处于水平位置。

出风口保持顺畅。不要堆放大件家具阻挡散热，增加无谓耗电。最值得注意的是，空调省不省电，要看每款空调的能效比，能效比越高越节能。

壁挂机安装的位置稍高些，柜机的导风板的位置调为水平略向上的方向，都会令制冷的效果更好。

户外机的安装位置也很重要。最好安装在阴暗、通风良好的地方，因为空调机其实是个"热量"搬运器，制冷时，是把室内的热量搬到室外，所以，室外机在温度低的环境中散热自然良好，室内的制冷效果也就更好。

每两周清洗空调空气过滤网一次。空气过滤网太脏易造成电力浪费，且不利于健康。每次在出门前10分钟就可以关闭空调，在这段时间内房间温度不会那么快回升。

（6）电视节能

一般来说，40英寸和42英寸的电视每小时耗电0.19～0.25度，46～52英寸的电视每小时耗电0.26～0.31度，而65英寸的电视平均每小时耗电量竟然有0.56度。因此，我们在购买的时候最好根据房间的大小来选择，否则只会增加不必要的碳排放。

电视的亮度和音量都应调得低一些，只要看着舒服，听得清楚就行了，因为电视的亮度和音量都是和耗电量成正比的，电视图像最亮状态比最暗状态多耗电50%～80%。有的人比较爱干净，喜欢在电视机上搭上一块布防尘，看电视的时候也不拿下来，其实这样是很不科学的，很不利于电视的散热，不但会增大耗电量还会缩短电视的寿命，要常常除尘，让它们保持良好的通风和散热。

电视机在遥控器关机后仍然处于待机耗电状态，并且有些电视机插入电源，就会预热显像管，每小时耗电0.005～0.01度，因此关机后应关闭电源或拔下电源插头，既省电又安全。

（7）电饭煲节电

提前淘米并浸泡10分钟，然后再用电饭锅煮，可加快饭熟的速度，节电约10%。电饭锅煮好饭后应立即拔下插头，因为当锅内温度下降到70摄氏度以下时，它会断断续续地自动通电，既费电又会缩短使用寿命。还有在使用完小家电后一定要随手关闭电源，否则就仍然会消耗电能。切勿用电饭锅当电水壶用。同样功率的电饭锅和电水壶烧1瓶开水，电水壶只需用5～6分钟，而电饭锅需要20分钟左右。电热煲底盘和锅底应保持清洁，如有污渍应擦拭干净或用细砂纸轻轻打磨干净，以免影响热能传感效率，可提高功效更节电。

（8）家用小家电节电

电水壶节电：电热管积了水垢要及时清除，这样既能提高热效率又能延长使用寿命，同时也节约了电能。

吸尘器节电：使用吸尘器时根据不同的情况选择适当的功率挡，经常清除过滤袋中的灰尘，可减少气流阻力，提高吸尘效率，减少电耗。

饮水机节电：饮水机接通电源后，其储冷或储热槽里的冷热能量会因受外界温度的影响而散失，这期间，电热线和压缩机就会间歇运转，以补充散失的热量。如此一来，只可以保持恒温，并不能提高温度。若接通饮水机的电源，即使不用，耗电量也会增加。因此不用的时候最好把插头拔下来。

微波炉节电：微波炉每小时约耗电1度，加热较干的食品时要加水，然后搅拌均匀，加热前用保鲜膜覆盖或者包好，或使用有盖的耐热的玻璃器皿加热。每次加热或烹调的食品以不超过0.5千克为宜，最好切成小块，量多时应分时段加热，中间加以搅拌。尽可能使用"高火"。微波炉比燃气更环保节能。事实上，微波加热最大的优势在于它只对含有水分和油脂的食品加热，而不会加热空气和容器本身。对同等重量的食品进行加热对比试验，结果证明微波炉比电炉节能65%，比煤气节能40%。

电磁炉节能：使用电磁炉时，选用铁质、特殊不锈钢的平底锅具，锅底直径以12～26厘米为宜；不用时要立即关掉电源。用电磁炉炒菜，可在高温挡趁油沸时将菜倒下，翻炒到六七成熟后即可断电，利用余热把菜炒熟。电磁炉的通风口应离开墙壁15厘米以上且不要将异物放进吸气或排气口里。

电熨斗节电：用电熨斗最好选购功率为500～700瓦的调温电熨斗，这种电熨斗升温快，达到使用温度后能自动断电，不仅能节约电能，还能保证所熨衣物的质量。

电熨斗熨烫衣物时，在通电初始阶段先熨耐温较低的衣物，待温度升高后，再熨耐温较高的。断电后，再熨一部分耐温较低的衣物。

取暖器节电：使用电热取暖器的房间要尽量密封，防止热量散失。室温达到要求后应及时关闭电源。

消毒柜节电：用完的餐具必须洗干净，擦干后再放进消毒柜，不能承受高温的餐具必须放进低温层，这样才能缩短消毒时间和降低电能消耗。

照明灯节电：家里的灯泡都换成节能灯。一个60瓦的节能灯，耗电量却只有普通白炽灯泡的五分之一，使用寿命却长了很多，把家里所有灯都换成节能灯，一年能省不少电。养成随手关灯的好习惯。但要注意，不要买劣质的节能灯泡，并应在灯的光线越来越暗了以后及时更换。

（9）电子用品充完电后就立刻取下来

电子产品如手机、MP3 等充电后一定要记得取下来，因为这些电子产品在充完电后就会自动放电，由于一直接着电源，放了一会电后又会自动充电，在这样一充一放的循环过程中，白白浪费了电不说还会大大缩短电池寿命。因此在充电的时候应该将这些产品电源关闭，并且充好后就尽快取下来。

（10）拔掉电器插头，减少电器的待机时间

很多人认为不看电视、不开空调、不开电脑就不会耗电。事实上关了电脑照样有 4.8 瓦的功耗，电视机有 8.1 瓦的功耗，电表照样走字，所有电器加在一起，相当于家里开着一盏 15～30 瓦的长明灯。所有电器在关闭电源后如果没有拔掉插头，就还会消耗电能，专业术语就叫"待机能耗"，就是家中各类电器关闭电源后那依然闪烁的小红点，只要电源插头没有拔掉，大多数家电产品在关机状态下也照样耗电。

具有待机功能的电器：空调、录音机、抽油烟机、音响、微波炉、洗衣机、手机充电器、电脑、电扇、电源适配器、打印机、电饭煲、消毒柜、电视机、录像机、传真机等。据统计，全国仅电视机每年因待机白白耗电 25.55 亿千瓦时！因此，为了节能，请养成随手拔掉电源插头的好习惯。

5. 厨房节气，省的不仅仅是钱

目前我国大大减少煤的用量，不仅城市家庭全面普及天然气做饭，农村家庭使用天然气的也渐渐多起来了。然而许多家庭厨房中常有浪费天然气的现象。看起来似乎是必要的开支，但每月算下来也不少。

一般来说，1立方米天然气可供一个三口之家做饭和洗澡2天，大多数普通家庭每个月的用气量在15立方米左右，而每个区域对燃气费的收费标准都不一样。但换算下来，几乎每家每月燃气费都在百元以上。但如果节约用气的话，一个月至少可以省下2立方米，那么一年就是24立方米，年年省下来，也有很大的一笔。

厨房节约煤气，也是每一个家庭积极投身于全国的"厉行节约、反对浪费"大潮中的重要行动之一。如果家家都节省，全国亿万个家庭，省下的燃气资源极为可观。

但很多家庭主妇或是常做饭的人，并不知道怎样来节省煤气。其实，厨房中很多地方都可以节约。下面这些技巧，不妨学起来。

（1）正确选用炊具

一般来说，直径大的平底锅受热面积比较大，要比尖底锅更节省煤气。在安装灶具时安装节能罩和高压阀。原来能用40天左右的15公斤装液化气，装上节能罩和高压阀后，能用近两个月，而且气瓶内的气残留少。

燃气燃烧不充分时，必然要浪费更多的燃气。如果灶台上的火焰呈红黄色，表明缺氧；产生脱火现象则表明空气过多。此时，可适当调整灶具风门，待火焰清晰，燃烧稳定、火焰为纯蓝色时，表示燃烧充分，这样的火力更旺，能更快烧熟菜肴，节省燃气。

正确使用灶具和燃气

要经常清洁和检修灶具，保持最佳状态。要常疏通燃烧器，保持灶具的清洁和供气管的畅通，特别要注意防止阀门和管道漏气。检查的方法是将肥皂水涂抹在连接处，若有气泡鼓出，就说明连接处漏气。要注意保持锅底清洁，特别是铁锅用久了，锅底会积上一层黑色的脏物，这种东西既不雅观，又会起到隔热隔火的作用，因此要把它刮掉。

（2）正确使用灶具和燃气

调节火焰大小。刚开始下锅炒菜时，火要大些，火焰要覆盖锅底；菜熟时，就及时调小火焰；盛菜时火减到最小，直到第二道菜下锅再将火调大。这样既省气也能减少空烧造成的油烟污染。

调整锅底与炉头的距离。火焰的外焰温度最高，调整锅底与炉头的距离，使之保持在20～30毫米为宜，这样就可充分利用外焰的高温加热，并有利于液化气的充分燃烧，可以达到节气的目的。燃气炉具要放在避风处，不要让风直接吹向炉具。若有风把火焰吹得摇摆不定，可用薄铁皮做一个"挡风罩"，这样能保证火力集中。

增加节热金属圈可节气。方法很简单，在炊具的外面，加一个比炊具底直径略大（与炊具壁保持5毫米的空隙），高3～5厘米的金属圈。这样，就能使燃气燃烧时的高温气体除对锅底加热外，还能沿锅上升，提高热量的利用率，从而节省天然气。

如果使用的气瓶，要先紧气瓶阀门熄火可节气。用完煤气后，首先应拧紧气瓶的阀门，再关煤气炉。若先关煤气炉，再去拧紧气瓶的阀门，这时由于气压的存在，瓶内液化气还会往上跑，不仅浪费，还容易造成漏气，带来安全隐患。

煤气瓶应放在干燥处。因为潮湿的地方很容易腐蚀金属气瓶，一旦气瓶的某个部位被过度腐蚀，局部气压一大就会出现穿孔，轻则漏气，重则带来用气安全隐患。

（3）烹饪技巧也能节气

做饭时最好一个炉子的几个炉眼同时使用，能省气、省时；控制火的大小，火焰分布面积与锅底相平为最佳；多用小锅炒菜，这样发热快，省时又省气；使用高压锅煮东西时，达到高压就把火关小，直至煮得差不多熟就提前10分钟关火，但不要立刻冷却打开，里面的气可以继续煮熟食物。

烧水时，水越接近沸点，需要的热量越大，消耗的燃气就更多，所以，在烧热水时，不要将水烧开后再兑冷水，可直接将冷水烧至需要的温度，这样可节省燃气。

不少人是先点燃煤气再开始洗米，择菜、配料，这无形中增加了煤气的浪费，如果先将做饭的准备工作做好，做菜时一气呵成，则可大大节约煤气的使用。

熬绿豆汤时，先把绿豆用凉水泡几个小时，然后放入热水瓶里灌入开水，几小时后绿豆开花了，绿豆汤也好了。煮稀饭时，米用水泡后再熬可以省燃气。煮鸡蛋时，该煮八九分钟的鸡蛋提前两分钟关火，七成熟的鸡蛋在开水中焖两分钟就熟透了。蒸饭菜时蒸锅水不用放太多，恰好能蒸熟又不会蒸干为好。

厨房要保持良好的通风环境，否则燃气燃烧时没有充足的氧气，特别费气。

6. 改掉乱消费的毛病，能不买的就不买

消费是现代人生活的重要内容，吃穿住行玩，处处都要消费。正常的消费是人生存发展的必需，也是社会运转和发展的必需，但乱消费，必然导致浪费，则是需要矫正和杜绝的消费行为。

很多人都有过这样的经验：经常买回来一大堆看似有用实则一年到头也不会用到的东西，有的用一次就丢在一边，有的甚至一次也没用过就让它睡大觉去了，这就是一种非常不好的消费习惯，既消耗了大量资源又浪费了不少的钱财，是最不聪明的一种消费方式了。要养成理智消费的习惯，就要先戒除这种乱买东西的坏习惯。

特别是女性，更容易有这种胡乱消费、痛快花钱的冲动，购置商品主要不是考虑实用与否，而是考虑时尚问题，为了不断地拥有新"时尚"而被闲置和抛弃的东西越来越多。"衣橱里永远少一件衣服""脚下永远少一双鞋"，化妆桌上有摆不下的化妆品也不嫌多，家里堆满了各种款式的鞋子和皮包，但还是要去买更新的款式……这些，都是最容易造成浪费的消费方式，对家庭发展没有任何好处。

李艾和丈夫都在外企工作，工资都不低，因而两个人都很讲究生活品质，消费也很少有计划，一般都是喜欢的就买，不多做考虑。经常一时兴起买来的各种高档衣服、鞋子以及高档玩具、高档纪念品堆满了屋子，每到年底不得不清理出去一部分。以至于结婚三年了，两个人还是"月光族"。这种"过度消费"很快让他们尝到了苦头。

李艾怀孕了，丈夫高兴极了，当即决定李艾辞职专心养胎，等着宝宝

出生。李艾高兴地同意了。不上班的她有了更多的时间逛街购物,只要看到宝宝的用品,都忍不住买下来,而且为了宝宝,专挑高档的买。不到半个月,就将丈夫刚领回来的一个月的工资花光了,下半月两人连吃饭都捉襟见肘了。李艾这才有些后悔,丈夫也希望她能改一改乱消费的习惯,量入为出,但一贯养成的大手大脚的习惯一时怎么可能改得过来?没钱花的日子让李艾心情大变,天天和丈夫吵架,本来如胶似漆的两个人,因为钱的事情,竟然越来越生疏了。

不敢想象李艾的孩子生下来后,他们家会是什么样?因为那时候开支更大,而收入还是丈夫一个人的工资。如果他们婚后的三年能适当地节制消费,别乱买一堆无用品,能适当储蓄一点,生活也不至于这样。

乱消费、无节制的消费、奢侈消费,对于家庭来说,无疑是灾难。因为家庭和单身不一样,"一人吃饱全家不饿","月光"就"月光"吧,反正没有任何负担。但家庭不一样,家庭中总有人没有收入,需要分享收入用于消费,如果不理智,不仅导致极大的浪费,也会给家庭生活带来不利的影响。所以家庭节约一定要倡导理智消费。必需品当买的买,非必需品能不买的就不要买。

多培育节俭意识,少逛商场,逛的时候也多比几家,不是非买不可的一定不买。如何抗拒诱惑,戒除乱消费的冲动,下面几个小妙招还可以助你一臂之力。

(1)只做"有目的"的消费,避免无目的的逛街、登录浏览、上网闲逛。

(2)家里所有的东西都用完后再买,绝不存物。只要还有,就坚决不买,因为这时候买的大多都会存下来,存下来就是浪费。

(3)能用替代品时也绝不买新的,除非实在不行,非买不可的东西。

(4)坚持现金消费,出门时经常少带一点钱,微信钱包或支付宝里最多放500元——买不起的时候我们一般都不会买。

(5)只购买自己需要的东西,不要被打折、促销等影响,买回一堆便宜但不需要的东西。坚持货比三家,看到心动的货品坚持让自己再比比、再找找,找到最便宜最实惠的价格后再买。

（6）养成记账的习惯，就会发现自己有很多没有必要的开支。记账能更了解自己的支出状况，分出哪些是必要支出哪些不是，可以看出自己的可控空间有多大。每月发工资之前计划好大的开支项目，如水电、燃气、房租等。尽量把花销控制在计划内，轻易不要超出计划，养成良好习惯。

（7）控制信用卡数量，让自己只有一张信用卡，把多余的信用卡剪掉，绝不因免年费增加信用卡张数。每月留下信用卡账单做记录，强迫自己下个月消费比上个月节制。

（8）银行定存或理财。可以把工资卡设置每月定存或者转到理财账户，这样可以提前把想结余的钱转出，以免看到账户有钱就不知道节制。

杜绝乱消费，并不是不消费。倡导家庭节约，也并不是主张要节衣省食。传统的节俭，多是贫穷的节俭。由于物质的极度贫乏，所以才不得不"新三年，旧三年，缝缝补补又三年"。而现在我们提倡的节俭，是在充分享受生活的前提下的节俭，是物尽其用、物善其用，甚至物超其用的节俭。不是因为生活所迫而节俭，而是为了理性消费而节俭。

我们提倡节俭并不反对享受。努力工作就是为了过上好生活。好生活不仅是一个目标，而且是一种动力。生产是为了消费，劳动是为了收获。富足和时尚的生活，可以给人带来无比的愉悦和快乐。所以当有能力满足自我需求的时候，改善生活当然成为理所当然。比如旅游，健身……

新的家庭节俭观念是，虽然收入不菲，支出却要精打细算。该消费时消费，该节省时节省。既要将日子过得五彩缤纷，又要摒弃过度的奢华。简言之，就是理性消费、简约生活。不是拒绝消费，而是拒绝浪费；不是勒紧裤腰带省钱，而是用头脑选择更好的消费方式。当家庭消费逐渐从无序走向理性，从奢靡走向清简，你会发现，适度、实用、舒心的物质生活，充实的精神生活以及高尚的精神境界，生活会变得更健康美好。

7. 戒除图方便的习惯，一次性用品能不用就不用

"方便"是现代商业营销和人们消费观念中普遍流行的价值观，这也是基于现代管理中"以人为本"的理念而衍生出来的经营理念。因为人都有"图方便"的本能。"拿来就用"也成为人们努力改造现有工具的动力，推动了制造工业的大发展。可以说，产品的多样化、先进化、工业制造的进步大多缘于人对方便的追求。

"图方便"还表现在人们对"现代化生活方式"的理解，"更多地享受电气化、自动化、机械化技术提供的便利和愉悦"，是现代人的追求。比如说空调，虽然能在夏天更快地降温，冬天快速升温，使我们在享受到更方便舒适的生活的同时，却耗费了大量的电能。喜欢便利消费的人们总是热衷于电梯、汽车、跑步机、空调，反而从来不愿爬楼梯、走路或是打球、跑步、吹自然风。不管何时何地，都以便利为第一，全然不顾是不是浪费了资源，是不是影响了环境。但是"方便"的同时，却也使我们付出了巨大的代价。

比如"一次性消费品"的滥用，就是一个很好的例子。一次性用品给人们带来便利的同时，也造成了惊人浪费。一份业内报告显示，全国44万家酒店每年丢弃的香皂超过40万吨，按照每吨香皂2万元的价格计算，就是80亿元的花销。同时，还产生了大量的垃圾，不仅不利于环保，个别把控不严的地区更是有废品重新回流入市的情况，严重危害了百姓健康。这还只是香皂一项，还有一次性的纸杯、餐盒、筷子、牙刷、牙膏、毛巾、拖鞋等，都算起来，得浪费多少资源。

一次性用品不仅消耗了大量的资源，也造成了巨大的环境污染。像一次性的购物塑料袋，在其生产过程中，不仅需要耗费石油资源，还会产生大量的污水，产生大量的"白色污染"，而且长久地影响了环境。这种塑料袋难以降解，会最终成为永恒的垃圾，将产生更严重的后果。

所以，一次性的用品，能不用就一定不要用。对于家庭来说，拒绝使用一次性用品，不仅能为保护资源和环境出力，也能为家庭省钱。毕竟一次性用品只能用一次，其使用价值相对于多次使用的产品，花钱更多，使用价值更低，自然浪费也更多。拒绝使用，就是省钱。

（1）购买高质量筷子，不使用一次性木筷。市面上有各种各样的木筷、竹筷、金属筷，可以根据家庭喜好购买。使用筷子时多消毒，一般三个月更换一次，保证卫生干净。

（2）家里装垃圾尽可能不采购塑料垃圾袋，实在需要垃圾袋，应采购可降解、可多次使用的纸袋，或者利用废旧的纸箱、包装袋装垃圾再丢掉。

（3）家庭中自觉不使用一次性快餐盒、一次性塑料袋，外出购物尽量用布袋，可以自己用旧衣服缝制买菜的布袋。

（4）家庭中尽可能少用一次性纸巾，可以用小手帕、小毛巾代替纸巾；拒绝一次性毛巾，用正常毛巾洗脸，用旧的毛巾可以做抹布，比用一次性纸巾能省不少的钱。

（5）少给孩子买木杆铅笔，选择自动铅笔，尽量用钢笔，拒绝购买一次性圆珠笔、一次性签字笔及其他一次性文具，可以用多次更换笔芯的签字笔、吸墨水的钢笔。

（6）家中少购买瓶装水，多在家烧开水，喝水用杯子，不用一次性纸杯。外出旅游时，自备水壶装水喝，少用纸杯、纸盘、塑料保鲜膜等，减少塑料饮料瓶等产生的垃圾。

（7）尽量减少一次性电池的使用，选择可循环使用的充电电池等。一次性用品在给人们带来方便的同时，也造成了巨大的资源浪费和触目惊心的环境污染。如果任由一次性用品泛滥使用，我们的生态环境会更加恶化，不仅浪费大量的、珍贵的社会资源，还将对经济的可持续发展和社会的和谐发展造成不利影响，影响生活、生存环境。因此员工家庭一定要带头拒绝一次性用品。

8. 不必总是"好面子"，节俭生活更光荣

好多家庭之所以高消费、乱消费、奢侈消费，不讲节制不懂节约，其实并非真正不在乎花钱，不心疼浪费，而是因为"面子"过不去。

中国人好面子，爱攀比，世人皆知。为了"面子消费""身份消费"，买大房子、开豪华车、吃高级餐。本来可以不开车去的地方，非要开着车去，不如此，好像很没面子；请客吃饭，那一定要高档、特色、各种各样丰富多彩的大菜，吃不吃得完、浪费不浪费先不管，可不能丢了自己的"面子"；买房子一定要大，三口之家也非得四居五居，不这样哪有气派？买汽车，也要讲面子，求车大，求豪华，其实上班走几步就到，家中人也不多，车一年也开不了几次，看如今大街小巷全是车就明白，不少人买车并不考虑是不是实用和需要，而是不能别人有自己没有，而丢了"面子"。

即便家底贫瘠，根本负担不起那样的高消费，不少人也要打肿脸充胖子，在人前潇洒一回，以博得脸上荣光一片。像一些刚参加工作不久的年轻人，用一个月甚至借钱买一款新式手机或一个名牌皮包，有的人结婚为了摆阔或攀比不惜高额负债……诸如此类，大有人在。

大美是个很爱面子的人。家里开着一家旅游酒店，这两年生意不错。随着收入增加，大美也变得越来越讲究生活质量，越来越爱攀比了。名牌化妆品名牌包，看到就买，衣服鞋子非名牌不买，吃饭请客非高档不去，孩子才上幼儿园，每月开支却有好几万元，这样花费下来，虽然收入不少，

却一分钱也没攒下。丈夫小周一直规劝她，节俭一点，多存一点，以防不时之需。大美说，谁都知道咱们酒店生意好，我要是穿得太差、吃个路边摊，那得多没面子啊？再说了，生意只会越来越好，哪会越来越差？等你赚的钱超过我花的了，那不就能存下来了吗？小周也只能叹叹气，拿她没办法。

没想到的是，因经营不善生意一落千丈，收入迅速减少，根本无法负担大美的开销了，可大美不能丢了面子啊，依然大手大脚，居然在"双11"时购买了十几万元的商品，还晒出支付宝账单炫耀。而这些钱竟然全是借的，气得小周要跳楼，最后还是警察救下了他。

"好面子"说穿了，不过是虚荣心在作祟，实在可笑又可气。其实这真的有必要吗？除了消耗更多的能源，花费更多的开支，排放更多的垃圾，对于我们的生活水平和身体健康，并无多大的益处。反倒因为"面子"和"攀比"，使我们的内心更浮躁、更功利、更难以平衡，压力更大，幸福感更少，快乐更难以找到。减少"面子消费"，杜绝"攀比消费"，节俭生活，理性消费，反而会让我们的生活更自在，更幸福。

特别是在当下这样一个大力倡导节约、全力反对浪费的社会风气之下，奢侈浪费人人喊打，节俭生活更加光荣，更受人尊敬。

米佳的公公婆婆就是一对特别节俭的人。公公虽然以前是单位领导，却一直节俭得很，从来不讲奢侈。米佳每个月领了工资都会带领全家去饭店吃一顿，每次吃完，公公都问花了多少钱，然后又会说，这钱要是在家做，得买多少排骨啊，又干净又卫生。家里来了客人，大多是买了菜在家做，很少在外面去吃。好在婆婆厨艺精湛，饭菜美味，每次把客人都招待得极好。

有一次老家来了几个人到北京开会，既是亲戚也是当地的干部，顺道来看望米佳的公公。米佳丈夫觉得人家这么远还来看看老人家，这份情要好好招待下才好意思，于是预订了一家高档餐厅。谁知公公知道后，狠狠批评了他，一定要他退了在家吃。那天家里桌子根本坐不下，米佳和丈夫只好当了服务员，帮着端菜添饭，都没地方吃饭。米佳和丈夫都觉得有点太寒碜，慢待了他们，对不住对方的这份远道而来的情谊，觉得特没面子。

没想到的是，老家的这几位亲戚不仅没觉得慢待了，反倒觉得很有面子，很高兴地说太难得能吃到老领导家里做的饭了，要是在餐厅请他们，他们肯定不会去的。

要厉行节约，杜绝浪费，首先要拿掉存在于我们骨子里的"面子文化"。为了讲面子而过浪费型生活，那只能说明你是一个缺乏现代文明意识的人。

节约节的是全人类的资源，省的是所有人的劳动成果，并不是有钱就可以胡花乱花、肆意浪费的。面子重要，节俭更重要；享受重要，环境更重要，况且在现在不比财富、比面子、比豪华了，而是比节约、比爱心、比美德。要知道，现在的潮流是低碳节约，以节约为荣、浪费为耻的时代。节俭生活、反对浪费的生活态度和生活方式，不仅不会丢面子，反而会更有"面子"。

（1）不买超过自己负担能力的物品

家庭消费要秉持"用得着才买，买得起才买"的原则，千万不要买那些看起来便宜却根本用不着的东西，那纯属浪费，可以在购前列出清单，划掉那些可买可不买的。更不要买超过自己能力的东西，不要因为"好面子"而听推销员的忽悠，打肿脸充胖子，最后脸会因此而变丑的。由奢入俭难，习惯了超额消费将来绝对会付出代价。

（2）小份购买

不要看到减价就不管三七二十一买下一大堆，那样多半会造成浪费。比如买一大堆菜，或二十斤的羊肉片，不可能在新鲜时吃完，坏掉了的都是浪费。

（3）自己做饭，自己带饭带水

家庭最好的吃法还是自己在家做饭吃，不仅温馨、健康、卫生，也能省钱不少。外出就餐的价格越来越高，偶尔出去小聚一餐还可以，天天外面吃饭既油腻不卫生也浪费金钱。除了带饭之外，出门自己拿个杯子，用瓶子带饮用水也可以避免不必要的饮料消费。

（4）爱惜物品精心维护

房子、家具及家居用品，爱惜使用，多用几年，实在不能用了再换新的，会省下不少的钱。能不换时就最好不换，能用就行。

（5）衣服在精不在多

衣服不必太多，但可以在自己负担得起的前提下买质量更好、做工更好的衣服，这样既能穿得时间更长一些，也会更有品位。不必一味追求潮流，多买颜色纯正、样式简单的衣服，既好搭配，也不容易过时。

（6）买卖二手物品

自家用不到的东西放网上卖掉，一般的物品需求也可以在二手网站上购买，品质与全新的相差并不太大，但价格便宜到让你不敢相信。

除此之外，平时和习惯于节俭度日的亲友聊天时请教他们省钱的方法，上网购物的时间拿来看看省钱的论坛、帖子，就能获得更多节俭的妙招。

第九章 简化衣食住行，生活处处能节约

节约时时刻刻都能进行，除了节水节电节气，柴米油盐酱醋茶，衣食住行吃穿用，都可以以俭为主，减少浪费。不用讲排场，不必摆阔气，更不必好面子，戒除奢靡，俭朴生活更幸福。

1. 衣：俭朴素衣一样可以很时尚

在很多现代人眼中，穿衣当然要讲究品位和时尚，价钱一定要高，因为越是高档、时尚的服装，必然越贵。比如高级定制时装，价格贵得惊人。不贵怎么能体现时尚、潮流和高档呢？

实际并非如此，普通的衣服，同样可以穿得时髦、新潮、有品位和格调。动动脑子，就可以做一个很潮很酷的"时尚达人"，即便是简单的简服素衣依然可以穿出难得的高级感。

高级感很多时候，讲究的不是多复杂或奢华，而是要注重细节、质感和搭配。比如有些颜色，看着毫不相干，但碰撞之下总会擦出不一样的火花。掌握一些简单的颜色搭配，可以让那些看起来平凡的单品，也变得高级而好看。比如红+蓝，粉+灰，驼+蓝等，衣橱里有这样的衣服，不必买新的，只需精心搭配一下，就会很潮了。

高级感还有很重要的一点在于细节。一些小而精致的单品，可以让穿着看上去变得更有层次感。耳环、项链、墨镜、丝巾，让你毫不费力就凸显气质。

甚至旧衣服也可能通过卷裤脚、塞衣角、挽袖口、打个结等轻巧的改变，就能穿出大牌潮流的高级感。懂得了这些，还需要不停地买那么多的衣服吗？只需简单的几件，就能百变出无数有格调和品位的穿搭了，为你省下不少的钱，也省了许多购物的精力。

所以，如果我们转变一些观念，采取一些措施，就完全可以降低我们在穿衣上的花费，也能节省更多的服装资源。

（1）减少买衣服的次数

在这方面，男性比女性要好得多。有的女性永远都会觉得自己的衣柜里面少一件衣服，再加上爱逛街的天性，每每在商店看见心仪的衣服都忍不住会买下来。但买来后却不过是放在箱底睡大觉，纯属浪费。对于现在的生活水平来说，大多数人的衣服都多得穿不完，买那么多真没有什么用。

其实，会穿衣服的人并不需要衣服多，只要学会选择、学会搭配，不同颜色、式样的服装"混搭"也是很时尚的。

（2）买衣服的时候多选择百搭款式

有的人可能会遇到这样的情况，在商店看见一件衣服很喜欢，等买回去以后才发现和自己其他的衣服都不搭配，一件新衣要么就永远放在衣柜里"封存"，要么又要买新衣服来搭配，这样不但浪费钱，也会大大地增加衣柜的负担导致更多的浪费。而百搭的款式既避免了浪费、提高了衣服的利用率，又能时常百变出新的花样来，一举多得。

（3）旧衣新穿

要说最省钱又省时的方法，当然是旧衣新穿，衣服不用重新买，又不用浪费太多时间将不穿的衣服收进衣柜中。各种流行的穿衣风格让旧衣服有了更多发挥的空间。只要喜欢，可以随意搭配，让两件不同风格的衣服碰撞出奇妙的新鲜感，无疑可以极大地挖掘旧衣服们的潜力。比如叠穿法、混搭法、改造法，都可以让旧衣服焕发新的活力，省去许多购置新服装的费用。

（4）旧服装综合利用

旧衣服并不是只能被送去垃圾场的，只要你稍加改造，立刻就能变废为宝。如果是不再需要的衣服，可以将其改造成墩布、抹布、环保袋、靠垫填充物、手工艺品等。也可以将旧衣服送给需要的人穿。减少相应物品的生产，也就减少了能源消耗和污染物排放。不管选择哪种方式，也比让衣服在衣柜中发霉或送去垃圾场焚烧要节俭得多。

2. 食：素食粗粮更有益于健康

民以食为天，一个家庭，最重要的一定是吃。一间房子，几个亲人，三餐四季，就是一个家庭最温馨美好的样子。

不过，虽然市场上卖出来的食材大致差不多，但每一个家庭的餐桌上，却是五花八门，多姿多彩，各有特色，从不重样的。不同家庭的口味、喜好、习惯、地理位置以及饮食观念的不同，使亿万个家庭有亿万种吃法。有的人家以俭素为上，饮食清淡不喜荤腥，有的家庭则大酒大席、无肉不欢；有的家庭爱奢侈爱高档，爱外出去餐厅就餐，有的家庭却喜欢自家做的家常美味……不能说哪一种家庭对于吃的方式更好，但家庭吃饭，健康无疑是第一位的。

天天大鱼大肉、山珍海味，并不会比在家里自己清炒个一荤一素更健康。

最有利于身体健康的科学营养的饮食是什么样的呢？其实，2400多年前的中医典籍《黄帝内经·素问》已有"五谷为养，五果为助，五畜为益，五菜为充，气味合而服之，以补精益气"及"谷肉果菜，食养尽之，无使过之，伤其正也"的记载。最好的饮食并非膏腴丰厚、大鱼大肉，也不是清茶淡水、完全食素，家庭健康饮食是在膳食平衡、营养合理的前提下，口味偏于清淡、食材务必新鲜、烹调力求简单的饮食方式。

家庭餐桌倡导多吃果蔬类、谷物类食物，富含各种有益于人身体健康的膳食纤维和维生素；少吃肉，否则会导致诸多疾病，如心血管病、糖尿病、肾病、癌症等；少吃精细加工食物，加工越精细，营养损失越多，越不利于健康；少喝饮料和瓶装水，多喝白开水；烟酒价格居高不下，少抽烟少喝酒不仅有利于我们的健康，也能减少我们的日常开支，可谓一举多得。

居家饮食，要追求健康而不是追求奢侈，少盐、少油、少糖、少加工和多样化的饮食，最适合家庭。所以多买时蔬粗粮，既节约开支，又有利于健康。无论我们怎么富有，节约粮食永不过时。珍惜食物、反对浪费是一种美德，也是尊重劳动的体现，更是我们每个公民应尽的义务。

除了食材俭素，节约不浪费之外，家庭饮食还有许多地方也是可以节约的。

（1）吃多少买多少，冷冻食物宜分成小份储存

在购买食物前做好计划、列好清单；在超市和菜市场购物时，尽量减少冲动消费。比如，可以根据当天家庭的就餐人数确定购买的食材量，既保证新鲜又避免浪费；也可以留意家庭每个人的喜好，避免出现买了又没人吃的情况；另外，要根据不同食物的保质期长短做好统筹，保质期短的食物可以少买一些。

对于需要冷冻的食物，可以先分成小份再储存进冰箱。比如肉类，如果一次性买得比较多，可以切成小块，分别装袋冷冻储存，吃的时候取一袋就行，避免了大块冻肉每次做饭前的反复解冻，延长了肉类的保质期，减少食物浪费，也控制了食物的摄入量，实现合理膳食。除了肉类，面条这类买来可以冷冻的食物也可以分成小包装进行保存，一次吃一份。

（2）吃多少做多少，可以实行小份菜和分餐制

家庭餐桌要多样化，但做多了又吃不完，那就做成小份菜，多备几种，既可以实现食物多样化，保证营养摄入，又能减少浪费。吃多少做多少，菜的花样多，那份量就少一点，既可以吃饱吃好，又可以满足各种营养的需求。

（3）剩余饭菜不浪费

实现节约，充分利用食物是必不可少的，只要加工、储藏食物得当，就能减少产生食物"垃圾"。家庭饮食中存在剩饭剩菜是在所难免的，全部扔掉也是另外一种形式的浪费，在保证食品安全的前提下，适当处理一

下就能做出一顿美味佳肴。

不过，剩菜剩饭的储存也是有区别的。比如，吃不完的肉类要加盖冷藏保存，而叶类蔬菜则不提倡再储存了，最好一次性吃掉。在蔬菜中，根茎类蔬菜才适合再次加热。剩余的食物要用干净器皿盛放，并在短时间内尽快吃完，一定注意在安全卫生的前提下食用，即使保存在冰箱里也不要太久。

（4）在外用餐常打包，点餐注意"量力而行"

在餐馆用餐时点菜要适量，不应摆阔气，乱点一通；如果饭菜实在吃不完，也要尽量打包带走。做到按需选取，人走桌净，拒绝铺张，不讲排场。

吃，不在奢侈而在健康，家庭饮食，健康第一。讲营养、懂搭配、不浪费、尚俭素的饮食方式，才是最值得推崇的。

3. 住："宅"里也有节约经

一般人一生当中至少有一半的时间都是住在家里的，吃饭、睡觉、洗澡、上厕所……所以住，对于所有人来说，都十分重要。但只要一心想着节俭，其实在住这一条上也大有可为。

（1）选择小户型的房子

现在人们的生活水平提高了，所住的房子也越来越大了，有的甚至一家3口就会购买一栋别墅。这样一来就会耗费大量的建材，也意味着会用更多的水、电和气。因此，我们在选择住房的时候尽量选择小户型的房子，不但省钱，还节能环保。

（2）科学设计

充分利用自然能源优化建筑朝向，尽可能地利用自然风、自然光是节能的重要措施之一。根据我国各地的气候、夏季主导风向、城镇街道走向等条件,最大限度地利用自然风,将会极大地减少能源使用,对身体健康和生活舒适度也更有利。因而我们在购买住宅时应优先考虑住宅的节能设计,尽量利用自然光、自然通风,提高房屋的保温性能。这样在日常居住时,可使我们的住房既舒适,又可节约取暖、制冷、照明、通风的耗能。

(3) 增强房屋保温性能

居住建筑室内的热量和冷量的三分之二,是通过外墙和窗户散失到室外的。国家对房子的保温性能已有强制规定,因此买房子时一定要关注。因为保温性能差的房子,在使用空调时,会增加室内外能量交换,增加空调电耗。如果住在顶层,可以安装太阳能热水器,既节能又环保。

若自己家建房时,要尽量多使用节能砖。与黏土砖相比,节能砖具有保护耕地、节能等优点。使用节能砖建1座农村住宅,可节能约5.7吨标准煤,相应减排二氧化碳14.8吨。如果我国农村每年有10%的新建房屋改用节能砖,那么全国可节能约860万吨标准煤,减排二氧化碳2212万吨。而且居住后的取暖、空调费也会节省不少。

(4) 装修要科学而不是奢侈

住的关键在于舒适,科学简约的装修更有利于身心健康。科学的设计不但能令居室更加美观、时尚,还能更加实用、节能。简约的设计风格以自然通风、采光为原则,最大限度地减少建材的使用,合理利用空间,并能有效减少使用空调、电灯等时间。这样不仅令住宅更舒适,也极大地减少了一些不必要的费用,更加节俭和环保。

(5) 家装尽量少用传统建材,多使用环保、节能建材

家装时可多选择发泡水泥、纤维石膏板、中空玻璃等能隔热、保温的材料。其中中空玻璃能有效地隔绝噪声,纤维石膏板还具有呼吸功能,能够调节室内空气湿度。在装修过程中,可以多在一些不需要承重的地方使用轻钢龙骨或石膏板等轻质隔墙材料,尽量少用黏土实心砖、射灯、铝合金门窗等。而且选择家装时用浅色的材料作主打色更环保、更节能、更节约。

（6）空调和取暖都以节俭为主

夏季空调温度在国家提倡的基础上调高1℃。如果每台空调在国家提倡的26℃基础上调高1℃，全国1.5亿台空调都采取这一措施，那么每年可节电约33亿度。

家庭采暖通过调整供暖时间、强度，使用分室供暖阀等措施，每户每年可节能约326千克标准煤。

不要整天"宅"在家里，"宅"在家里并不能使你更健康，相反还会耗费大量的能源。特别是有的人喜欢整夜整夜地用电脑或是看电视，长期这样，耗电量也是很大的。因此，为了健康、为了环保、为了省钱，从现在开始养成一个良好的生活习惯吧。

4. 行：减少"车轮上的浪费"

现代人的出行方式有了多种多样的选择。飞机、高铁、火车、汽车、电动车、自行车……不胜枚举。

步行是既节省、又健康环保的出行方式。现代生活节奏这么快，活动范围如此大，我们不可能时时选择步行的方式出行。但是近距离的、不太着急的时候，步行无疑是最好的选择。

其次，可以选择骑自行车，这样也可以锻炼身体，减少支出。在城市，公共交通工具比较发达，方便又快捷。公共交通是大多数家庭出行的首选。这不仅可以减少城市交通拥堵，降低能源消耗，也能减少家庭的支出。

不过，随着中国经济的发展，中国有车家庭越来越多，家庭出行越来越多地选择了自驾车。然而自驾车固然方便舒适，却无形中增加了很多支出。自己开车首先要买车，然后要养车、要油钱、要维修费，以至一些看不到的各种各样的费用。那么如何尽可能减少家庭"车轮上的浪费"？

（1）合理选购汽车

减少"车轮上的浪费"要从选车开始。尽量选购耗油少、功能全、排放低的车辆，不要贪大求全、爱奢华，豪车不仅购买时需要一大笔开支，而且以后养车费、维护费、油费都会大大增加。小排量、节油型汽车或是油电混合动力汽车应是家庭首选。

（2）出行前策划好行车路线

在城市高速发展的今天，汽车数量急速增加，道路经常发生拥堵。自驾车出行时一定要考虑几个应急行车路线，以减少走错路和减少堵车的可能。走错路不但浪费燃料，而且浪费时间。

（3）避免低速长时间行驶

尽可能地保证汽车发动机转速、油门、档位的配合默契，使其输出最佳动力。反之，都将增加油耗。不要超速行驶，一般情况下，80～90千米的时速是最经济的速度，时速每增加1千米，油耗增加0.5%。

上坡时驾驶员应权衡车辆的负重和道路的坡度，均衡加油；下坡时，可利用低档辅以制动，可避免发动机转速提升过高，也可减少对制动装置的损耗。

（4）节水洗车

洗车的方式很多，根据车辆脏污程度，合理选择洗车方式。使用普通水枪，1吨水只能洗10辆车；使用高压水枪可以洗18辆车；使用微洗车，可以洗56辆；使用蒸汽环保清洁车辆，洗1辆车只需要1杯水；干洗车辆又称无水洗车，使用汽车专用清洁剂对车辆进行保养，可节水80%。自己手洗车辆不仅节水节电还环保。

（5）精心保养

汽车车况不良会导致油耗大大增加，而发动机的空转也很耗油。通过及时更换空气滤清器、保持合适胎压、及时熄火等措施，每辆车每年可减少油耗约180升，如果全国1248万辆私人轿车每天减少发动机空转3～5分钟，并有10%的车况得以改善，那么每年可节油6亿升，减排二氧化碳130万吨。

（6）掌握节油方法

出行前了解路况，避免车多的线路；切忌急踩油门、急刹车和急加速，一次猛加油和缓加油到同样的速度，油耗相差可达12毫升，而且还会增加轮胎的磨损和追尾的风险。高速路上尽量以经济速度运行，切忌低挡高速行车。在高峰时间避开堵车路段，宁愿绕行也不走高峰路段；见红灯提早收油，合理运用不熄火脱档滑行的办法，少踩刹车；尽量高档位行驶，手动变速器的车辆在车速稳定后应及时换高档位；避免冷车启动、减少原地怠速时间。冷车启动的时候，因为发动机的温度没有达到正常工作的温度，因此在行进过程中会非常耗油。一般热车1分钟左右，然后低速走1~2公里就可以了。停车等待尽量将引擎熄火而不要让它一直空转。

行车时少用空调，使用时档位应适中。高速行驶时不开窗；电喷车不必暖机行车，也不宜大油门起步，引擎低温运行更费油；经常检查胎压，要让胎压保持在标准值范围内，胎压过低会增加车辆油耗，符合规定要求的胎压可以降低油耗3.3个百分点；定期更换机油，注意清洗积炭和滤清器，及时更换火花塞等；尽量不要增加车内耗电设备，以免增加发电机的负荷。

定期检查驾驶盘和轮胎是否调准。车子旧了，轮胎和驾驶盘往往会失准，这也会耗油；不要随意更换轮胎的大小。选择更宽的轮胎或许会让车看起来更有"跑车味"，但轮胎越宽，车轮阻力就越大，所以除非真的很需要那额外的抓地能力，否则只是在白白浪费汽油钱；汽车没动时，不要开动引擎。如果需要在车上等一段时间，把引擎熄掉。

定期清理空滤。空滤一般3万公里更换一次，不少车主因而忽略了对空滤的定期清理。粉尘等杂质吸入空滤后可能引发堵塞，影响油气混合比，降低燃油效率。因此，车主每隔1月应定期清理空滤中的杂质，在风沙大的地区尤为重要。

如果车里只有驾驶员一人或前排坐人，可考虑在汽车前排与后排之间装一个类似窗帘的装置，达到把前排后排隔离开来的效果。这样可减少空调制冷空间，缩短空调运行时间，节省燃油。

要到正规加油站加油，按照车的压缩比标值选择合适标号燃油，标号偏高或偏低都会造成气缸和喷油嘴积碳增加，缩短使用寿命。一般的车用 93 号油就够了，如果私自使用 97 号油，可能既费油，还伤发动机。另外使用低于规定油号的油可能会造成烧坏火花塞、气缸等。

加油别加满。除了要跑长途，一般加油加一半或者 2/3 就可以了，加满油等于多增加了汽车的载重，自然也更耗油一些。

（7）减少电动车的浪费

电动助力车也是不错的选择。这种车比汽车、摩托车少了很多污染，又比自行车省力多了，因而极受欢迎。现在有很多共享电动车，可以随时取用，随时归还。对于不远的路程而言，是很好的出行方式。不过很多家庭为了方便，还是选择买一辆放在家里。

要减少家用电动车的浪费，就要掌握节约的骑行方式。电动助力车最好的运行模式是人助车行、电助人行、人电联动，人省力、车省电。电动助力车由静止启动，电流大，能耗高，且极易损坏电池。比较合理的方法是先人工骑行后再电动，到一定车速后再缓缓加速，切忌原地加速，既耗能又对车辆有损。电动助力车的最高时速是有限制的，合理的时速具有安全、省电、延长电池使用寿命的特点。电动助力车要注意及时充电，不能等待电池电能耗尽再充电，当电池放电 60%～70% 时充电最佳。

5. 用：戒除奢靡少消耗多节约

家用方面，也要力戒奢靡，反对浪费，以节俭朴素为要，更能体现当代员工的精神风貌和社会责任感。

然而前些年刚富起来时社会上流行一种视"高档""奢侈"为高贵和荣耀，追求奢侈享乐，竞相狂购"奢侈品"的风潮，这和我们打造节俭社会的理念是相悖的。

所谓"奢侈品"，在国际上被定义为"超出人们生存与发展需要的消费品"，又称为"非生活必需品"。比如，大至私人飞机、豪华游艇、高档汽车，小到珠宝首饰、名贵手表、箱包和高级成衣等。奢侈品的最本质特点，一是昂贵，二是非必需。也就是说，生活中它可有可无，没有它丝毫不会影响人的生活需求和生活品质。换句话说，奢侈品纯粹就是一种浪费。除了能用它炫富或彰显身份之外，别无所用。但偏偏就有一些人喜欢拿它们来"炫富"。

其实，在今天以节俭为荣的时代，是奢侈还是节俭，是开车还是走路，是坐电梯还是爬楼梯，是讲面子还是要实惠，已经不再是"富"或是"穷"，"高贵"还是"低贱"的标准，也不是任由自己随意选择的生活方式，而是关系到社会责任的生活态度问题。

然而，在有些员工的脑海中，对节俭总有一种抵触之意，甚至嘲讽，冠之以小气、吝啬等字眼，在他们的观念中，现在生活水平大大提高，吃穿住行用，当然要越来越好、越来越高档才行，有钱了，还要节俭干什么？于是不断地提高生活档次，不断地向着"更高更好更贵"进发，奢侈成风，摆阔盛行，大吃大喝，大肆挥霍，购车非豪华车不要，买房非别墅不买，殊不知这样的奢侈，不仅浪费了大量的资金，也浪费了大量的资源，于国于家于己于地球，都是得不偿失的行为。节俭生活，就需我们节制行为，戒除奢侈，减少浪费。具体而言，我们可以从以下方面来戒除奢靡生活，减少浪费。

（1）戒除一些浮华的观念，不与任何人比阔，也没有必要炫富——哪怕你真的很富有。

（2）购物时选择必需品而不是奢侈品。比如手机，普通国产的功能齐全的手机，足够用了，没有必要一定要买镶钻的或是金质外壳的手机。衣物则尽可能选择棉质衣服，以舒适大方为主，哪怕家庭再富，也没必要一定选用那些高级定制的昂贵奢侈服装。

（3）不买那些过度包装的物品，尽量选用散装物品。越是昂贵商品，越重视包装，并且是一层又一层精美无比，但实际上这些包装再精美，最终命运都不过是投入垃圾箱，没有任何实际的用处，包装里面的物品和散装的其实并没有太大的差别，那又何必花钱买这一堆无用的花哨把戏呢？

（4）家居、家用以简便舒适为主，力戒奢侈浪费。装修以简约、自然为主，没必要追求奢华风格，居家用品更要选用低碳环保型的产品。现在各种产品都极大丰富，想买什么样档次的都可以选择，但就使用而言，一般普通的产品就足够了，没必要选择那些奢侈的物品，如杯盘碗碟、床单毛巾、各种日用品，都没有必要一定要选择奢侈品。

（5）车子、房子以实用型为主。买房、买车时要摒弃奢侈的观念，以节俭、低碳为主。别墅这样的奢侈品除非真的是有很多人需要住就去买，要不然，就是没有必要的。车也不是不能买，普通家用型就行了，没必要一定是豪车。而且也不必出门三两步也要摆阔开车去，能不开车时就可以不开车，车是代步的工具，不是摆阔的道具。

节俭生活，是爱物惜物、知福惜福的生活，是反对奢靡、拒绝贪欲的生活，实质上也是一种怡然自得、自然平和的健康生活。节俭生活与有多少财富并没有多大关系，而与是不是想炫耀财富大有关系。所以节俭其实是一种生活的态度，一种戒除奢侈和享乐、回归平和和自然的生活态度。

6. 培养节俭习惯，把节约进行到底

倡导节俭不是一时的时尚和潮流，而是要长久坚持的一种习惯，天天坚持，久久为功，把节俭进行到底，真正全面形成节俭的风气，成为节俭的人、节俭的家庭、节俭的企业、节俭的社会。

习惯是养成的。经常做一件事就会形成习惯，节俭是一种可以养成的习惯，对天生节俭的人来说，这个习惯给他带来的成功的机会要比别人多。习惯了节俭的人，就会自觉主动地在任何地方注意节俭、绝不浪费一丝一毫。因为有节俭习惯的人，会比没有节俭习惯的人更关注从细微处节俭。他们省下的钱也更多。比如都是月薪5000元，有的人月月不够花，还要借贷度日，有的人却不仅吃穿住样样合理，还能攒钱十万元，是不是让人不敢相信？

网上有一位攒钱达人曾分享过他的"节俭经"，惊呆了很多人：月薪5000元，年攒十万！

他的攒钱经主要是"节流＋开源＋年终奖金"，和一点点负债理财的意识。

他家每月吃饭1000元，坚持自己做饭。话费每月100元，包月也包流量。住，每月800元。把自己的房子出租，房租收益1.8万元，另租三室的学区房方便孩子上学。租金1500元，把三室其中一间以700元转租。水电费由转租费理财利息交上。行，即交通费每月1200元以内。衣服，每年控制在6000元，少而精，重品质不重数量，打折价购买。这样每月生活开销不超过2500元，剩下的2500元，购买年理财产品，一年可攒钱3万元。

然后就是想办法开源。努力工作争取加薪和拿到年终奖金，目标2万元。兼职写文章参与投稿，每周教授三节肚皮舞培训课，一年下来收入2万元。理财、国债每年返回利息5000元左右，充分利用信用卡免息期，把自己的钱理财，生活费尽量刷卡消费。再加上其他零散收入，就这样，房租收益1.8万元+理财产品3万元+兼职收入2万元+奖金2万元+国债利息5000元+零星入≈10万元。月薪5000元，年攒十万元，梦想成真。

精打细算，虽然有点"抠门"，但管用。养成了节俭的习惯，真的可以积少成多，集腋成裘，聚沙成塔，创造奇迹。养成节俭的习惯很重要，不仅不会浪费一分钱，不会随意花掉一分钱，还会不断地想着攒钱，从细微的地方节俭，并让钱生出钱。而且不论收入多高，也保持精打细算的态度，认真对待每一分钱、每一粒米，这样的习惯，才会将节约进行到底，让节俭更有效益。

那么如何才能养成节俭习惯呢？

（1）记账

把每一天的花销都记下来，然后仔细检查一遍，看看有哪些地方是可以减少或划掉的开支，就可以在下一次或是下一个月时把这项开支节省下来。而且每天记账也能让自己清楚知道租房或贷款、交通、饮食、水电费、购物等方面花了多少钱，做到心中有底，不会乱花。

（2）制订节约计划

比如每月限制自己只花多少钱，买哪些东西，要省下多少钱。也可以反着来，规定自己这一个月浪费的粮食或其他的物品不能超过定量，如果超过，给自己惩罚。

（3）克制欲望

有时候乱花钱其实是自律性不强，克服不了内心的欲望。一旦学会自律，就会按照既定的节俭目标努力，而不会随意打破。比如少进餐馆、少买衣服，都可以轻松做到。

（4）丢掉面子观念

面子是节约的大敌，爱面子很容易就会毁掉节约大计，让节约半途而废。因而要培养良好的节俭习惯，不丢掉面子观念是不行的。要以节约为最大的面子，节约才能坚持到底。

（5）自己动手

自己能做的事情一定坚持自己做，既有助于养成勤劳的习惯，又节约了资源。比如家中一些简单的维修，马桶、炊具、家用电器、下水道等，除非必需专业人员的事情，都尽可能自己做。

（6）注意细节

注意节约水、电、气、油等消耗品，关紧水龙头，杜绝跑冒滴漏；随手关灯、不用时拔下插头，不浪费任何一点电；节约燃气；家里的卫生纸、洗衣粉、清洁用品等，省着点用。

节俭的习惯可以表明一个人的自我控制能力，同时也可表明一个人不是欲望和弱点的牺牲品，他能够支配自己的金钱，主宰自己的命运。

第十章 做好垃圾分类，变废为宝把节约进行到底

有人说，世界上从来没有垃圾，所谓的垃圾不过是放错了地方的宝贝。确实如此，垃圾分好类，放对地方，就是造福人类的宝贝。节约型员工要学会垃圾分类，善于废物利用，把节约进行到底。

1. 别让一次性用品只用一次

杜绝一次性用品，我们已经说过很多次了，因为一次性用品太耗资源、产生太多的排放，而且很多一次性用品都不利于健康。但是，还是有很多时候免不了会用到一次性用品，不仅在餐厅、宾馆等消费场所到处可见一次性用品，在家庭生活中也难以避免，如纸巾、纸杯等。那么，如何让一次性用品能更节俭更环保一些呢？

方法也是有的，比如，不让一次性的用品只用一次，就可以减少一次性用品的消耗量，使物品价值最大化。

酒店里免费为客人准备一次性用品，主要就是"六小件"，包括牙膏、洗浴液、洗头膏、香皂、牙刷、梳子等，习惯上被称作"六小件"。每一小件物品虽然不大，但造成的资源浪费却极其惊人。有很多东西都是一次性用不完的，所以出差时也可以把这些东西带回家里来用。这没有什么不好意思的，拿回家来用至少没有浪费，没有造成更多的污染和排放，这不是小气，而是功德。

一次性的纸杯，单位和家庭都有选用，因为这样用于招待客人简便又卫生。很多单位都规定一次性纸杯只能供客人使用，员工则自带水杯，这样可以减少纸杯的使用量，更环保些。而在家庭中，则可将用后的一次性纸杯洗净、晾干后再次使用；谁用的纸杯洗后还归谁使用。当然，有消毒条件的家庭还可以用普通杯替代一次性纸杯。

一次性的筷子，家庭中尽可能少用或杜绝不用。因为为了生产这种一次性的便利筷子，耗费的资源相当惊人。我国每年要用掉450亿双筷子，需要砍掉2500万棵树,这无疑是巨大的浪费。所以,实在不得已用了这种一次性的筷子,不妨也带回家多用几次,也可以有效地提高一次性用品的使用率,减少消耗。

其实,有节俭意识的人完全可以自备一双筷子,不管到哪里吃饭都用自己的筷子,这样不仅更卫生,更节约,也更有利于环保。

总之,一次性用品是对资源的巨大浪费,我们能不用时还是坚决不用的好,养成好习惯,对资源利用、对自己,都有好处。

2. 买卖二手用品,物尽其用也是节约

买卖二手物品的背后有很多隐形的意义,如资源得到再利用和重新分配,相关信息的流通,新的交友方式等,是一种新的节俭文化。二手商品物美价廉,而且起到调节余缺、节约社会资源的作用,同时也能让城市里收入不高的工薪阶层和刚毕业的大学生以最低的价格使用优质的产品,是物品价值最大化的一种新风尚,越来越被更多人接受。

自己家闲置不用的物品,扔掉太可惜,就可以以二手物品处理掉,获得一定的收入。处理的方式多种多样,可以拿到网上销售、到卖场去"以旧换新"、寄卖、到网上去转让和交换,或者拿去典当,都可以。对比一下,这几种处理方式各有各的好处,不妨根据自己的需要去选择。

(1)以旧换新。有些家电连锁店推出家电"以旧换新"的活动,彩电、空调、冰箱、洗衣机、电脑等都可以回收。但并非所有家电都回收,比如热水器等一些较小型的家电,就不在回收的范围内。相比之下,回收站的

好处是可回收品种多，但缺点是价格较低。

（2）网售或交换。可以拿到小区内的微信群、论坛里叫卖或交换，也可以放到二手市场网站、淘宝网店去转让。通常，通过网上转让的成功概率更高。只要交换双方达成协议，是没有什么闲置物品不可以拿来交换的。这样的网站也很多，像闲鱼、转转、58同城等都可以。

（3）典当。如果你手头拥有的闲置物品是高档品或者奢侈品，到典当行去典当是不错的选择。典当行一般都有专业人士来鉴定和评估。典当行的回收物品包括汽车、房产、乐器、黄金钻石玉器等装饰品和名表、电脑、相机、MP3等电子产品，等等。典当不仅能够帮助个人和企业融资，还可以在当期内赎回当品。不过，典当的价格一般都不会过高，尤其是淘汰率比较高的产品。如果嫌价低，还是放到网上比较合适。

其实有很多东西，放在家里好像觉得没有什么用了，但真正需要它的人得到它却能发挥最大的效用。所以，自己闲置的物品不妨让它进入二手市场，物尽其用，使节俭更彻底。

同时，自己也可以去二手市场淘一些自己喜欢的东西，不仅价格低廉，而且还有好多东西可能是你去其他市场根本无法买到的"稀有货"，你拿回家来，不一样可以舒心地用吗？这又延长了这件物品的寿命，当然也就减少了再制造这样一件物品的资源耗费，一举多得，何乐而不为？

3. 别随手就扔，好多东西都可以再利用

生活中总会产生很多的废弃物，已经用过的纸张、过期的化妆品、精美的包装盒、穿旧的鞋子、衣服、花盆、碗筷、过期的食品……许多人为

了保持家中的整洁，总是迫不及待地把这些东西扔进垃圾箱去。

其实从节俭的角度来说，这是不划算的。别看这些东西暂时没什么用了，但并不标志着它们就真的一无是处了，就要赶快扔走。只要我们会利用、愿意去利用，好多东西都还大有用处。

比如废纸。好多人写过了用过了的纸就扔了，具有节俭意识的人会双面都用了之后再扔，其实就算双面都用过了，纸也仍然大有用处，因为这些废纸还可以回收后再加工成为再生纸，还有很多东西都是这样。所以，别养成什么都随手就扔的坏习惯，而是要养成爱物惜物、充分利用的好习惯。

（1）把每一张用过的废纸都捡起来

别把废纸扔掉，捡起来大有用处。回收一吨废纸能生产 0.8 吨再生造纸纤维，可以少砍 17 棵大树，节省 3 立方米的垃圾填埋场空间，节省木材 3 立方米，并可节水 100 立方米，节煤 1.2 吨，节电 600 度，节省化工原料 300 公斤。如果把今天世界上所用办公纸张的一半加以回收利用，就能满足所需求量的 75%，相当于 800 万公顷森林免遭砍伐。

而且用废纸造纸，能耗低、环保处理费低、单位原料成本低，在我国用废纸再生产的新闻纸，比用原生木浆生产成本可降低 300 元 / 吨，还可减少环境污染。你看，这一张废纸绝不是真的废品，而是宝贝，还舍得扔吗？

（2）旧衣服再利用

不想穿或已经破旧的衣服，也不要随手扔掉，可以将旧衬衫改成围裙、旧西装可以改成鞋套和鞋撑、旧牛仔裤改成休闲包、把大人的衣服改成儿童装，甚至可以改成更常用的如抹布、墩布、口袋等，既可以避免旧衣被当作垃圾扔掉，对环境造成污染，又可以开发出新的用途，同样也避免了新物品的购买。

（3）旧丝袜再利用。

从丝袜的脚尖约 20 厘米处剪下；再将剩下的长筒袜揉成团，塞入剪好的脚尖部分中；最后将袜口处绑紧，就完成了这个制作简单的大扫除工具。丝袜制成的抹布不但可以清洁电器，擦拭金属的效果也非常好，如用它来清洁门把手，既干净，又不用担心留下划痕。

风力很强的时候，将长筒袜的腿部剪下，在晾衣杆上螺旋缠绕。将衣架插入袜子和晾衣杆之间，就不必担心衣架被吹跑了。把丝袜包卷于铁制衣架上，可使吊挂的衣服不致起皱，也不会变形。

如果是袜子的上面坏了，可以废物利用。将碎香皂块儿放在袜子里挂在洗手池旁边，这样很容易出沫，既节省了那些碎香皂，还利用了破掉的袜子。

可以用来擦绒面的鞋子。以前大家都用鞋刷处理绒面鞋，但效果并不好，用丝袜非常吸灰，同理也可以擦拭普通皮鞋和其他东西上的灰尘。

把换季的皮鞋清洁上油后，里面塞上废报纸，套上破丝袜收好，就不用担心受潮了，就连黄梅天也没事。用丝袜包住照相机的镜头可以当柔光灯使用。

（4）废饮料瓶再利用

平时人们喝完饮料，习惯性地把饮料瓶扔掉，至多是把饮料瓶作为废品卖掉，事实上，饮料瓶在我们的家居生活中有着广泛的用途，完全可以变废饮料瓶为宝。

拿大号的饮料瓶，根据冰箱隔的高度把细的瓶子口剪掉，侧面从上到下剪一个3厘米的口（主要是便于取东西出来）。在里面可以摆放鸡蛋，或者是摆放好几个比较矮小的罐头调味瓶，有的时候甚至可以摆3个，由于饮料瓶外周的固定作用，非常整洁，还可以省许多空间。

在冰箱门的里面，根据高度剪一个敞口的大号饮料瓶，可以竖立放大葱、芹菜、香菜、黄瓜等，也可以摆放大蒜和生姜。

制小喷壶。有些饮料瓶的色彩鲜艳，丢弃可惜，可用来做一个很实用的小喷壶。用废瓶子做小喷壶时，只要在瓶子的瓶盖处扎些小孔即可。

除领带上的皱纹。打皱了的领带，可以不必用熨斗烫，也能变得既平整又漂亮，只要把领带卷在圆筒状的啤酒瓶上，待第二天早上用时，原来的皱纹就消除了。

制吊灯罩。找一个大的、带瓶盖的、色彩艳丽的空酒瓶（如白兰地酒瓶等），切割瓶子并打磨光滑。在瓶子里装上吊灯头和灯泡，在原来的瓶盖上钻个孔，让电线穿过，拧上瓶盖。在瓶颈上套 8 厘米长的彩色塑料管。在瓶子中部贴上一圈金色的贴胶纸，就成了一盏美丽的吊灯了。

（5）包装盒的再利用

包装盒是我们平常遇到的最多的垃圾了，如果好好利用的话，好多盒子都能有大作用。

漂亮的鞋盒可以用作针线等小型工具箱、收纳盒。袋装牛奶纸箱可用作鞋、靴盒。杯装酸奶的包装硬纸盒可放粮食、零食等。酸牛奶杯做烟灰缸、小废物篓，可在家中用餐时吐刺、骨、核等。白色小塑料袋衬在抽油烟机油盒里面，残油落满后，可取出塑料袋更换，不必清洗油盒。超市买的装肉食塑料底盘洗净后，可垫在小花盆下当盛水盆。旧信封，质地较硬又大的，可以装文件，小的做钞票夹。蛋糕、点心礼品盒可放文件、照片、资料、书刊。随报纸送的光面海报可在衣柜中隔开放置的毛衣或衬衣，便于抽取衣服。小的圆柱体状的饼干桶可以当笔筒或者筷子筒。大的并且有盖子的饼干桶、月饼盒可以当急救箱收纳各种药品。如呈正方体的较高的饼干桶，还可以当日常护肤品的收纳盒。有的饼干桶中间有个洞，还可以做厕纸桶。小瓶的辣椒酱吃完后，可以将其刷洗干净，当盐罐或者糖罐等。

（6）鸡蛋壳再利用

除水壶中的水垢。烧开水的水壶有一层厚厚的水垢，坚硬难除，只要用它煮上两次鸡蛋壳，即可全部去掉。

使皮肤细腻滑润。把蛋壳内一层蛋清收集起来，加一小匙奶粉和蜂蜜，拌成糊状，晚上洗脸后，把调好的蛋糊涂抹在脸上，过 30 分钟后洗去，常用此法会使脸部皮肤细腻滑润。

生火炉。将蛋壳捣碎，用纸包好，生炉子可用它来引火，效果甚好。

灭蚂蚁。把蛋壳用火煨成微焦以后碾成粉，撒墙角处，可以杀死蚂蚁。

驱鼻涕虫。将蛋壳晾干碾碎，撒在厨房墙根四周及下水道周围，可驱走鼻涕虫。

将清洗蛋壳的水浇入花盆中，有助于花木的生长。将蛋壳碾碎后放在花盆里，既能保养水分，又能为花卉提供养分。

洗衣服。把蛋壳捣碎，装在薄布袋里，放入盆中，加热水浸泡 5 分钟左右。

然后用这种水洗衣服，就能把衣服洗得格外白净。一般5只鸡蛋壳泡的水可洗7～8件衣服。蛋壳碾成碎末，可以用它代替去污粉，用来清洁陶瓷器皿，效果比肥皂还要好。

擦家具。新鲜的蛋壳在水中洗后，可得一种蛋白与水的混合溶液，用这种溶液擦玻璃或其他家具，可增加光泽。

清洁热水瓶。热水瓶中有了污垢，可放入一把捣碎的蛋壳，加点清水，左右摇晃，可以去垢。

清洗玻璃瓶。油垢不净的小颈玻璃瓶中，放一些碎蛋壳，加满水，放置1～2天，中间可摇晃几次，油垢即自行脱落。如果油垢不严重的话，在瓶内放些碎蛋壳，加半瓶水，用手堵住瓶口，摇晃几次，即可使瓶子干净。

其实生活中远不止这些东西可以再利用，我们随手扔掉的很多东西，都有它的大用处，只是我们平常没有留心或是没有把这些东西看在眼里罢了。如果我们养成了节俭生活的习惯，随时随地都能想到节约，那么，我们的眼里就不会有"废物"这个词，任何东西都可以把它的价值发挥到最大，从而节约资源减少排放，为我们的地球尽微薄之力。

4. 严格垃圾分类，减少资源浪费

垃圾，是现代人无从回避的一个问题，因为每一个人都是一个"垃圾制造机"，有人的地方就注定有垃圾。随着工业化和城市化进程的加快和城市人口的暴增，现代城市垃圾已经不能依靠自然的力量来处理了，垃圾成了现代人最头痛的问题之一。究竟该如何处理垃圾才能减少垃圾的污染，降低垃圾的排放，又能有效地利用这些垃圾呢？

其实，城市垃圾本身是一座"金矿"，最好的处理办法是推行垃圾分类，并加以综合、循环利用，这样不仅能营造蓝天绿水的美好生活环境，更是"节俭"生活的重要组成部分。

现在我国已经开始严格的强制性垃圾分类了，北京、上海等大城市已经率先启动全民强制性生活垃圾分类，并收到了很好的效果。进行垃圾分类收集可以减少垃圾处理量和处理设备，降低处理成本，减少土地资源的消耗，具有社会、经济、生态三方面的效益。

那么，生活垃圾该如何分类呢？

各地对垃圾回收的规定略有不同。如北京分为厨余垃圾、可回收垃圾、有害垃圾和其他垃圾四类，而上海分为有害垃圾、可回收垃圾、干垃圾、湿垃圾四类。说法不同，大致的分法相差并不太大。我们以北京标准为例。

（1）厨余垃圾（绿桶）

是指家庭中产生的菜帮菜叶、瓜果皮核、剩菜剩饭、废弃食物等易腐性垃圾；从事餐饮经营活动的企业和机关、部队、学校、事业等单位集体食堂在食品加工、饮食服务、单位供餐等活动中产生的食物残渣、食品加工废料和废弃食用油脂；以及农贸市场、农产品批发市场产生的蔬菜瓜果垃圾、腐肉、肉碎骨、水产品、畜禽内脏等。其中，废弃食用油脂是指不可再食用的动植物油脂和油水混合物。

厨余垃圾从产生时就应与其他品类垃圾分开，投放前要沥干水分，保证厨余垃圾分出质量，做到"无玻璃陶瓷、无金属杂物、无塑料橡胶"。纯流质的食物垃圾，如牛奶等，应直接倒进下水道。有包装物的过期食品应将包装物去除后分类投放，包装物则投放到对应的可回收垃圾或者其他垃圾收集容器。

（2）可回收垃圾（蓝桶）

是指在日常生活中或者为日常生活提供服务的活动中产生的，已经失去原有全部或者部分使用价值，回收后经过再加工可以成为生产原料或者经过整理可以再利用的物品，主要包括废纸类、塑料类、玻璃类、金属类、电子废弃物类、织物类等。

废纸：包括报纸、期刊、图书、各种包装纸、办公用纸、广告纸、纸盒等，但是要注意纸巾和厕所纸由于水溶性太强不可回收。

塑料：主要包括各种塑料袋、塑料包装物、一次性塑料餐盒和餐具、牙刷、杯子、矿泉水瓶等。

玻璃：主要包括各种玻璃瓶、碎玻璃片、镜子、灯泡、暖瓶等。

金属物：主要包括易拉罐、罐头盒、牙膏皮等。

织物：主要包括废弃衣服、桌布、洗脸巾、书包、鞋等。通过综合处理回收利用，可以减少污染，节省资源。

可回收垃圾分类投放时，应尽量保持清洁干燥，避免污染。废纸应保持平整；立体包装物应清空、清洁后压扁投放；玻璃制品应轻投轻放，有尖锐边角的应包裹后投放。

（3）有害垃圾（红桶）

是指生活垃圾中的有毒有害物质。包括废电池（镉镍电池、氧化汞电池、铅蓄电池等），废荧光灯管（日光灯管、节能灯等），废温度计，废血压计，杀虫剂及其包装物，过期药品及其包装物，废油漆、溶剂及其包装物等。

有害垃圾投放应保证器物完整，避免二次污染。镉镍电池、氧化汞电池、铅蓄电池等，投放时应注意轻放；油漆桶、杀虫剂瓶子等，如有残留应密闭后投放；荧光灯、节能灯等易破损物品，应连带包装或包裹轻放；过期药品应连带包装一并投放。易挥发的有害垃圾，应密封后投放。其余物则投放到对应的可回收垃圾或者其他垃圾收集容器。

（4）其他垃圾（灰桶）

指除厨余垃圾、可回收垃圾、有害垃圾以外的生活垃圾，以及难以辨识类别的生活垃圾。主要包括餐盒、餐巾纸、湿纸巾、卫生纸、塑料袋、食品包装袋、污染纸张、烟蒂、纸尿裤、一次性餐具、大骨头、贝壳、花盆、陶瓷碎片等。简而言之，难以辨识类别的生活垃圾可投入其他垃圾收集容器内。要沥干水分后投放。

5. 学会废物利用，把垃圾变成宝贝

精明的犹太人早就说过"垃圾不过是放错了地方的宝贝"，好好地将垃圾利用起来，就能变废为宝，获得意想不到的收益。

当喝完牛奶、饮料，人们往往习惯地将纸盒顺手扔进垃圾桶，殊不知，扔掉的不是"垃圾"，而是个宝。牛奶、饮料盒的纸浆质量很高，是造纸的好原料。出于无菌保鲜的需要，牛奶、软饮料的包装一般由纸、塑料、铝等多层材料复合而成。目前，我国的年产量约为 300 亿包，而且每年正在以 3% 的速度增长。只要把这几种分离出来，那么纸浆、塑料和铝，都成了"宝贝"。

不仅仅是牛奶盒，还有很多被扔进垃圾箱的东西，只要好好利用，都是"宝"。再好的铁矿也不如废钢，世上有多少新，就有多少旧。废旧物资是全球唯一在增长、迟早要取代地下矿藏、俯拾即是的"富矿"。利用起来，放对地方，废物也会大放光彩。

德国有一位 77 岁的芬利太太，因为从来不舍得把自家的垃圾扔掉，竟然一夜之间，变成了亿万富翁，一时成为新闻人物。

记者采访了芬利太太，她说，自己用过的东西总是舍不得扔，于是都存了起来，放在了地下室里，本来是希望积攒到一定的量时当废品处理掉。但真正处理时她仍然舍不得，于是干脆就全留着了。她把生活中所有闲置和废弃的东西分门别类地放在地下室。一些东西还派上了大用场：大儿子玩过的玩具，小儿子可以再接着玩；大女儿穿过的衣服，小女儿又能接着穿；孩子们上学了，经常要上手工制作课，放废物的地下室又成了孩子们的宝库,他们总是能从她保存的废物里面找出能够制作精美艺术品的原材料;连邻居们需要什么时,也会在她的"地下宝库"里有所收获……61年来,她的地下宝库里生活用品应有尽有,而且全是老旧的物品。

这一天,芬利太太的孙子看到电视上在拍卖一个老玩具,居然拍到了10万美元的天价。据说这一款老玩具现在非常少,很值钱。小芬利又惊又喜,因为他知道奶奶的地下室里有两个同样的玩具。他马上去地下室翻了出来,拍成照片发给了玩具收藏家,收藏家大喜过望,愿意以30万美元的价格收购,因为这两个玩具的品相更好。

听说他们家不止有老玩具,还有很多其他的老旧物品时,收藏家非常感兴趣,立即赶来了。走进芬利太太的贮藏室,收藏家惊呆了——光世面上根本见不到的老玩具就有十几个,按收藏价来算,仅玩具一项,最少应该值几百万美元;还有那些数十年前的书籍、钢笔、信封、烟标、烛台、帽子、台灯、票证、酒瓶、打火机、家具……很多都是市面上已经难寻踪迹的孤品了,价值不菲;即使那些什么用场都派不上的废铁废铜废金属,也因资源的匮乏比当时涨价不少……昔日的垃圾都变成了黄金。

现在,芬利太太在收藏家的帮助下办了一家"怀旧博物馆",她没有花一分钱,所有馆藏的物品全是她自己多年保存下来的东西,吸引了众多的参观者。据专家估算,博物馆价值上亿美元。

当然芬利太太的事情太过传奇,我们没有必要像她那样把几十年的垃圾都存起来。但废物再利用,同样可以把垃圾变成宝贝。

(1)艺术创作

在艺术设计领域,废品作为创作元素的地位正日益得到巩固。模特拎着塑料袋走上T台;一部环保题材的电影用从海边捡来的垃圾拼起巨幅海报;艺术家用回收来的东西做成各式艺术装置……废旧用品在艺术界重新焕发活力。

网络上还有很多以出卖利用废旧物品制作手工艺品为生的手艺人,那些废旧物品经过他们的巧手之后,变成了美不胜收的艺术品,卖出了令人惊奇的高价,还深受大家喜欢。

(2)破铜烂铁的再生

人们认为没用了的废弃易拉罐溶解后可 100% 地无数次循环再造成新罐,而且,还可制成汽车和飞机等的零件,甚至家具。而循环再造铝罐可节省 95% 新造铝罐所需的能源,减少 95% 的空气污染。丢弃一个铝罐就等于浪费半铝罐的石油。

(3)小废品也有大作用

不用说废纸、废塑料、废旧钢材、铝材、废铁、废铜、废木料这些重要的再生资源,即使是我们生活中最不起眼的垃圾,也一样可以再利用起来,带来意想不到的效果。

橘子皮、柠檬皮、柚子皮:在料理食物或清洗餐具时,一些扔掉的原料有一些回流到排水口里,时间久了就会散发出难闻的异味。橘子皮、柠檬皮、柚子皮都会散发出清香味,因而它们都是除臭的好帮手。将它们放入水中煮成黄绿色的汁液,稍微冷却后倒入排水口,一遍一遍地冲刷。在清洗的过程中,果皮水会流入排水管,这样能有效地去掉排水管的异味。

苹果皮:将苹果皮泡在水中作为茶饮,对支气管炎有很好的疗效。但是,要记得去掉表面的蜡。苹果皮除了能作为茶饮,还是很好的清洁剂。铝锅使用久了就会有一层黑黑的脏东西,怎么也洗不掉。把苹果皮放进铝锅里加入水,煮大概 15 分钟,然后再清洗铝锅,黑黑的脏东西很轻松就洗掉了。

香蕉皮:香蕉皮中含有抑制真菌和细菌生长繁殖的蕉皮素,对"香港脚"等皮肤病都有效果。如果脸上长出硬硬的小包,可以将香蕉皮敷在上面,因为香蕉皮能够使小包软化。香蕉皮还能擦拭皮具,效果很不错。由于香蕉皮中含有单宁,因此也可以擦拭皮鞋,不仅能除掉皮鞋上的油污,还能让皮面保持光亮。

梨皮:梨的果皮不仅气味香甜,还能清洁油污。炒菜锅用得久了,锅的边缘会因为平时清洁时不注意而聚集很多油污。在锅里放入一些水,再放入梨皮,开火煮一会儿,当梨皮变得软软的时候,就可以用它清除那些顽固的油污了。

过期茶叶:可以用来做吸湿剂,也可以用来除臭味,还可以用来做枕头或者小香包，真可谓是一废多用啊。如果用过的茶叶罐没有盖好，一段时间后原来缩成一团的茶叶会膨胀成一片。可以将过期的茶叶倒一点在容器里，放在冰箱内或是抽屉等怕受潮的地方，一段时间后茶叶会因为吸收湿气慢慢开始膨胀，等膨胀到一定程度，再换一些新的即可，效果很好，而且还能散发出淡淡的茶香，兼具除臭的效果。如果过期的茶叶堆积如山，那就可以考虑用茶叶来当枕头的填充物。如果茶叶不够多的话，也可以做成小的香包，随处挂随处香，不过不管是枕头还是小香包，都不能沾到水。剩茶水可以用来洗脸、洗脚、洗头；可以用来漱口除口臭；可以用来除污；可以用来浇花草等。

  这些都是我们生活中的"垃圾"，看上去没什么用。但是，只要巧加利用，也一样可以变废为宝，循环利用，节约资源。记住，没有垃圾，只有资源，所有的垃圾都是可以循环利用的资源。